JN277825

絶妙な「速読」の技術

本を読むとすぐ眠くなる人も
飛ばし読みしないで
本を3倍速く読める

この本を読むだけで
速読脳開発の
トレーニングができる
「例の方法」

NBS日本速読教育連盟　理事長
佐々木 豊文

POINT

はじめに

「読んだだけで、早く読めるようになる」。

そんな本はできないだろうかと以前から考えていました。

この本は、その1つの答えです。

読んでいただくからには、筆者として速読についての理解を深めてもらいたいという希望があります。第一にその要求を満たさなければなりません。

しかし、速読は技能ですから、速読についての知識を得ただけでは、意味がありません。

実際にその本でトレーニングできるようにして、その本を読み終えたときには速く読めるようになっていたという本は作れないものかと考えていたわけです。

このような模索の結果できたのが、この本です。

ですから本書は、単なる速読の解説本ではなく速読の練習帳であり、トレーニングブックです。

この本の内容は、私が20年余りにわたって指導してきた「速読脳開発プログラム」がもとになっています。

私の教室では、3カ月、半年、1年と目指すレベルによってさまざまですが、長い時間をかけて、速読脳を開発していきます。それは、**1分間に1万字以上の速度で読書する**という高度な読書能力の開発です。

それは確かに人生を変えるほどの素晴らしい読書能力の世界なのですが、遠方のために教室に通えない方もおります。また、**それほどの速度はいらないから2、3倍の速度で十分**という方もおります。

そのような皆さんにも、「速読脳開発プログラム」の一端を理解し、トレーニングしていただきたいという願いが、この本を著した2つ目の理由です。

もう1つ理由があります。

ここ数年、私の教室を訪れる方の中に、「読んでも頭に入らない」「読むことに集中できない」と訴える若い方が増えてきているということです。

これは、速読脳を開発するどころか、**読書以前の問題**です。

そのような受講生に対しても、意識と身体の本来の使い方をお話しして問題解決の手助けをしてきたわけですが、おそらく同様の問題を抱えている方は数多くいると思われます。

そのような方々の問題解決に少しでも役立てばというのが、3つ目の理由です。


もちろん本書に提示したトレーニングのレベルでは、満足できない方もいらっしゃることと思います。

しかし、本という性格上、私の方から一方的に情報をお伝えするという指導法では、すでに持っている読書能力を引き出す段階までしかトレーニングを進めることが困難なのです。

教室では、ひとりひとり個別に、現段階のトレーニングの問題点や優れた点を指摘し、問題点を改善する方法を説明し、次の段階に進むためのトレーニングを課していきます。速読脳を開発するためには、このような個別の観察とチェックが不可欠なのです。

このような理由で、**本書では、**
2000字/分レベルの読書速度を達成することを目安にしています。

このレベルで満足できない方、本格的な潜在能力の開発を目指す方は、私の教室であるＮＢＳ日本速読教育連盟の門を叩いていただければと思います。

最後に、「速読脳開発プログラム」の改善にともに汗してきた教室のスタッフたち、研究に被験者としてご協力くださった受講生の皆さん、そして遅筆の著者に辛抱強くおつきあいくださった明日香出版社の藤田知子女史に、この場を借りて御礼申し上げます。

二〇〇五年九月吉日

著者

ＮＢＳ日本速読教育連盟
ＴＥＬ　０３―５４６７―５３８１
http://www.sokudoku.co.jp

POINT

絶妙な速読の技術　もくじ

はじめに　2

本書の使い方　10

第1章　速読脳は誰でも持っている潜在能力だ　31

読書は心を豊かにする　32

読書能力は変えられる　34

「読書能力は変えられない」というのは根拠のない思い込み　36

読書能力を伸ばす科学的な戦略　40

「速読」というわかりやすくて曖昧な言葉　44

アメリカ式速読法とは　46

速読脳が開発されると読書時の目の動きが変わる　52

読書時、速読脳はショートカットして新回路を作っている　56

「速読脳開発プログラム」は思考速度を速くする　65

「速読脳開発プログラム」は読書の潜在能力を開発する　68

コラム　□■　速読脳の開発はソウル大学教育研究所から始まった

第2章　読書に集中できる体力を養う　75
生活体力を向上させよう　76
脳の活動は身体に支えられている　78
読書に集中できるだけの体力を養う　80
能力の開発は食生活の改善から始まる　82
食生活を見直して甘いものを減らそう　90
牛乳は完全食品ではない　92
第3章　今すでに持っている読書能力を十二分に発揮しよう　101
読書能力には、2つの要素がある　102
早く理解するためには2つの方法がある　106
読解力を身につける5つのポイント　116
①本をたくさん読むこと　117
②いろいろなことを体験すること　122

③ 他の人の話を丁寧に聞くこと 124
④ 落ち着きを養うこと 128
コラム □■ 食を正すと落ち着きが増す
⑤ 集中力を養うこと 140

第4章 読んで養う読書の基礎力 151

本を読まずに読書能力は高められない 152
読書で語彙《い》と知識を増やす 154
読めない漢字が多いときはふりがなのふってある本からチャレンジ 156
語彙《い》量を増やしたいときは何遍も出あうチャンスを作ろう 158
知識を増やしたいときは好奇心と感動する心を持とう 160
読書で集中力を鍛える 166
読書で持続力を養う 172
読書で落ち着きを養う 178
読書で自分を育てる 182
読書で右脳を鍛える 188

読書で共感力を伸ばす 194
読書で記憶力を伸ばす 196
読書で読解力を養う 206
コラム □■ 読書が国難を救った話
読書で前頭葉を活性化させる 216

第5章 早読みで読書力を磨こう 225

いろいろな速読法と早読み法があるが… 226
これが早読みのテクニックだ! 利用する前の心得 232
早読みテクニックの要点は、これだ【実践編】 234
早読みテクニックの要点は、これだ【留意点】 246
これだけは知っておいてもらいたい早読みの限界 248
コラム □■ 目的にあった速読法を

本書の使い方

本書は高度な読書能力である速読脳の開発を指導してきた立場から、その基礎となる読書能力の伸ばし方と初歩的なトレーニングの仕方について説明しています。

したがって、読書についての普通の本として知識を得るために読む読み方と、速読トレーニングとして使う読み方ができます。

① 読書と速読についての知識を得る本として読む

この本は5章から成っており、次のような内容になっています。

第1章：
受講生の体験談も含めて、私の教室で指導している「速読脳開発プログラム」について説明しています。私たちが潜在的に持っている**読書能力の可**

能性について理解を深めていただければと思います。

第2章と第3章：

今すでに持っている読書能力を十分発揮できるように、日常生活のなかでできることを、食生活面と読解の基礎力に分けて説いています。**読書の潜在能力を開発する基礎**です。

第4章：

読書の基礎力を養うために、日常読書するときどのような点に留意すべきか、基礎力を10項目に分けて、そのヒントを示しています。

第5章：

楽しむより必要な情報を見つける読書の場合、**早読みのテクニック**も役にたちます。その方法について解説しています。

各章ごと独立した内容として読むことができますが、早読みと速読を区別することが基礎になっていますので、そのことを解説した第3章の最初の部分は、先に読んでおいてください。

読書障害行動を除こう

読書能力の発揮あるいは発達を妨げる読書の癖を、障害行動といいます。普通に読書するということではありますが、せっかくですから、障害行動を知り、理解の邪魔にならない程度に、少しだけ気をつけながら読んでみてください。

(a) 頭を上下に振らない

文字を的確に次から次と追っていくためには、一行ごとに頭を振るのではなく、目だけで追うのが無駄のない良い読み方です。自分の頭の動きに気づいていない場合もありますから、チェックしてみてください。

(b) 舌や唇を動かさない

電車のなかで本を読んでいる人を観察すると、ときどき、唇を動かしながら読んでいる人を見かけます。これでは、黙読しているのに、声を出して音読しているときのゆっくりした速度以上に速く読むことができません。この癖に気づいたら、舌や唇を歯で挟んで押さえておいてください。

(c) 声帯を震わさない

唇や舌の動きと連動しがちな癖ですが、自分だけにしか聞こえないような小さな声を出していたり、言葉にならない声を出しながら読んでいる人がいます。これも速度が遅くなる原因になりますから、気づいたら止めるようにしましょう。

(d) 頻繁に姿勢を変えたり、本を動かしたりしない

しょっちゅう身体や本を動かすことは、集中の妨げになります。読み始める前に、落ち着く読書の姿勢を探してみてください。

(e) 指などで文字をなぞらない

読書の速度が極端に遅い場合(300字/分以下)には、指でなぞることは、速く正確に理解する助けになりますが、普通以上の速度であれば、指を使うことは、読書用の視覚能力の発達を妨げます。ですから、できるだけ、目だけで読んでいきましょう。

以上の5つが主な障害行動です。繰り返し読んで、頭に入れてから、本文を読み始めてください。

②速読のトレーニング・ブックとして活用する

本書のもう1つの読み方は、実際に速読力を向上させるトレーニング・ブックとして使う読み方です。

この場合、トレーニング・ブックですからプログラムにしたがってトレーニングを進める必要があります。トレーニングのプログラムとその方法をここで説明しますので、丁寧に読んで、できるだけ正確に実行してみてください。

トレーニング・プログラム

別紙として挟み込みにしてある図を見てください。これが、あなたの速読力を引き出してくれる練習用フォーマットです。F1《えふわん》フォーマットと呼んでいます。

トレーニングの順序は次のようになります。

①眼筋ストレッチ
②F1フォーマット・・・1分
③文章で練習する・・・1分
④F1フォーマット・・・1分
⑤本文を読む・・・・・集中できる任意の時間
⑥F1フォーマット・・・1分
⑦読書速度を測定する・・1分　＋　測定値をグラフへ記入する

トレーニング方法

次ページから説明します。

① 眼筋ストレッチ

座っていても立っていても結構ですので、**頭をまっすぐにします**。肩からは力を抜いて、下げておきましょう。トレーニング中は、できるだけ頭を動かさないようにします。**眼鏡やコンタクトはできるだけ外して、目は自然にぱっちりと見開いた状態で**行ってください。

顔を正面に向けて、正面に何か目標物を決めて、それを見てください。

次に**1《いち》と心の中で数えながら、右を見ます**。目を向けられる限界のところに何か目標物を定めてそれを見てください。**見たら正面に戻ります**。

次に、**2《にい》と数えて、左を見ます**。右を見たときと同じ要領で、左に目標物を定めて、それを見、見たらまた正面を見ます。

次**は3《さん》と数えながら、また右を見ます**。

この要領で、左右を交互に見ながら、10まで数えます。

次は、正面から1《いち》と数えながら、**下の端を見ます**。

正面に戻したら、2《にい》と数えながら**上の端を**見ます。

この要領で、上下端を交互に見ながら、10まで数えます。

次は、右上と左下で、それぞれその端を交互に見ながら、10まで数えます。

次は、左上と右下で、それぞれその端を交互に見ながら、10まで数えます。


次は、自分を中心に時計の文字盤があると想ってください。

真上の12から始めて、ゆっくり1から12まで数えながら、**それぞれの文字盤の数字の方向の端を見ていきます。**

12まで行ったら、11、10、9……と**順に12まで戻ります。**


これを2回繰り返します。


目や眼筋に無理な力を入れないで、楽に見ることができる範囲で行います。

繰り返しやっているうちに、目に柔軟性が出てきて可動範囲が広がってきます。

終わったら目を閉じて、少し目を休めてください。

② F1フォーマット

まず1行目の最初の○を見ます。

次に、その行の①②③④⑤を順に見ていきます。

そのまま、1行目の下端の○を見ます。

点線に沿って左側の行間を素早くさかのぼって2行目の最初の○を見ます。

1行目と同じように①②③④⑤を順に見て、さらに下端の○を見たら、3行目に移ります。


このような見方を繰り返して、最後の行の下端まで行ったら、また1行目の最初の○に戻って続けます。


行の上端が①になっていたら、直ちに②③④⑤と見ていってください。

下端が⑤になっていたら、直ちに次の行に移ってください。
○や数字をじっと見ている必要はありません。本を読むときと同じように、○や数字を認識したら直ちに次の数字や○を見ていきます。

見ていくのは上下端の○と①②③④⑤だけですが、飛ばしたり、数字が識別できないような見方はしないでください。

どの○や数字も同じように識別して、瞬間的に次に移ります。

焦ることなく、**ゆっくり確実に見る**ことから始めてください。慣れるにしたがって、軽く、楽に素早く見ていけるようになります。

数字は、最初は、心の中で音声に変換して読んでいると思います（**音声化**）。いわゆる黙読です。しかし、慣れてくると、**いちいち音声に直さないで**も、それぞれの数字をはっきりと、順に見ていっていることがわかるはずです。そのとき音声化は、自ずと少なくなっていきます。

ゆっくり見ているときと同じような落ち着いた気持ちで、**1行を1秒で見ていくのを目標にします。**

F1フォーマットの練習時間は、1分です。

終わったら目を閉じて、少し目を休めてください。

③ 文章で練習する

Ｆ１フォーマットと同様の見方で、実際の文章を読む練習をします。24・25ページの、最初の読書速度測定に使った文章で練習します。文章の最後まで読んだら、最初に戻って繰り返してください。

初めのうちは、文章の内容をよく読み取れないかもしれませんが、気にせず繰り返し練習してみてください。次第に目が慣れてきて、普通と同様に読み取れるようになってきます。

読み取れるようになったら、少しずつ、**読む速度を上げていきます**が、無理に上げようとしないでください。Ｆ１フォーマットと交互に練習することで、少しずつ自然に速度は伸びていきます。

フォーマットとできるだけ同じような視点の運びで読んでいきます。

1行を1秒で読んでいくことが目標です。

そのとき、読書速度は、およそ２０００字／分ほどになります。

練習時間の目安は、1分間です。

練習したら、測定してみてください。

④　F1フォーマット

②のときと同じ要領で、1分間練習します。

⑤　本文を読む

普通に理解して読んでいきますが、理解の邪魔にならない程度に、F1フォーマットと同様の視点の運びを取り入れてみてください。できるだけ集中して読んでいきましょう。

視点の運びが鈍くなってきたと感じたら、適当にF1フォーマットの練習を取り入れてみて結構です。

ただし、目が疲れたと感じたら、読書を中断して、目を休めてください。特に、コンタクトレンズを使っている方は、目の疲れに注意してください。

各章のとびらに、その章の読了時間の目安を示しています。見出しと本文だけを２０００字／分の速度で読んだときの目安です。**その時間で読み終えることを目標にして、**繰り返し練習してみてください。

⑥ F1フォーマット

②のときと同じ要領で、1分間練習します。

⑦ 読書速度の測定

次に、読書速度を測定します。

24・25ページの練習文を最初から最後まで読み、その所要時間を測ってください。所要時間が「＊分＊＊秒」とわかったら、その時間から、27ページの表「速度算出曲線」を使って、読書速度を割り出してください。

グラフから割り出した読書速度を、28・29ページのグラフに記入します。記入することで、自分の伸びが一目瞭然になり、練習の励みになります。

本文を読んで理解したことを、取り入れる

これは、読書速度を開発するためのトレーニングです。

本文には、すでに述べた障害行動の除き方と同様、読書能力を向上させるために注意すべきことや、取り入れたい練習、読書姿勢、意識の使い方などいろいろな話が出てきます。速読脳という高度な読書能力を開発するための基礎能力を作るという観点から説明していますので、すぐには納得しがたいところがあるかもしれません。しかし、通常の読書能力の育成にも大いに役立つはずです。

ご自分で納得したところから、ご自分の読書行動に取り入れてみてください。

読書速度の測定

では、ここでトレーニングに入る前の読書速度を測定してみましょう。

次の文章は、拙著「速読の科学」（光文社）から取ったものです。時計を見て、何時何分何秒から読み始めるかを決めてください。

決めたら、ヨーイ、スタート！

理想を持つこと、夢を持つこと、それは自分を改善する行動に駆りたてる動因である。どのような自分になりたいのか、どのような性格の自分、どのような能力の自分になろうとしているのか、ふだんはあまり意識していないかもしれない。ほとんどの人は、自分の能力や性格はすでに定まったもので、意識的に変えられないと思っているだろうし、変えられるとしてもそれはめんどうなことだと考えていると思う。しかし、自分自身や自分の人生について考え、よりよい方向に持っていこうとする行動を起こさなければ、「私はこんな人間じゃないはずだ」「私の人生はこんなはずじゃなかった」と思うときがいつか訪れることになる。

速読能力を身につけることは、能力の理想であり、夢である。まさに自己の向上につながる夢である。その夢を現実のものにするプログラムが、ようやくいま登場してきたわけである。

新たな能力を身につけるということは、新たな自分を作ることである。多くの人は、自分を変えずに能力だけを変えようと思う。しかし能力と性格やものの考え方（心的態度）との間には、密接な関係がある。たとえば、アインシュタインの写真を見たことがあるだろう。子供のようにじつに無邪気な表情をしている。純粋で邪気のないのは、天才たちに共通する資質の一つである。

速読脳を開発することは、読書の天才になることである。天才になるためには、まず天才の性格やものの考え方を身につけることが先決だ。そうすれば、能力を獲得することは容易になる。

では、性格やものの考え方とは何だろうか。それは、生まれてからこれまでに体験したこと、学習したこと、その過程で考え感じてきたことの集積である。いま意識的には思いだせないことでも、体験したことはすべて記憶として潜在意識の中に蓄積され、それが私たちの性格や考え方を形成している。これが個性である。その中身は複雑すぎてよくわからないが、外界からの刺激に対し、いつでもその人らしく対応する機能を担うブラックボックスである。

一方、このブラックボックスの中には無意識的に作られた自己イメージがあり、常に自分自身をそのイメージに合わせて形成していこうと働きかけている。自分を改善しようという思いがなければ、自分が好むと好まざるとにかかわらず、その自己イメージが現実化する方向に人生は動いていく。したがって、新しい能力を身につけ、それによって自分自身を改善しようと思うなら、その能力を受けいれやすいように、まず自己イメージを変えなければならない。

それには、速読能力を身につけ、その能力を活用している自分自身を想像することである。たんに本を速く読んでいる自分の姿だけではなく、身につけている心境、速読しているときの意識の動き、集中力があり頭脳が冴えわたっている自分、仕事を素早く処理している自分、人の気持ちを察して和を保てる自分等々、あらゆる角度から、それを実感できるように思い浮かべるのがよい。嬉しくてワクワクするようなら、あなたはすでに速読脳への第一歩を踏みだしている。

読み終えた時刻をチェックしてください。所要時間は、何分何秒でしたか?

その所要時間から、次ページの速度算出曲線を使って、読書速度を求めてみてください。

その値を、28・29ページのグラフに第一回目の値として記入してください。

さあ、いよいよトレーニングの始まりです。トレーニング・プログラムにしたがって、無理せず楽しみながら、頑張ってください。

速度算出曲線

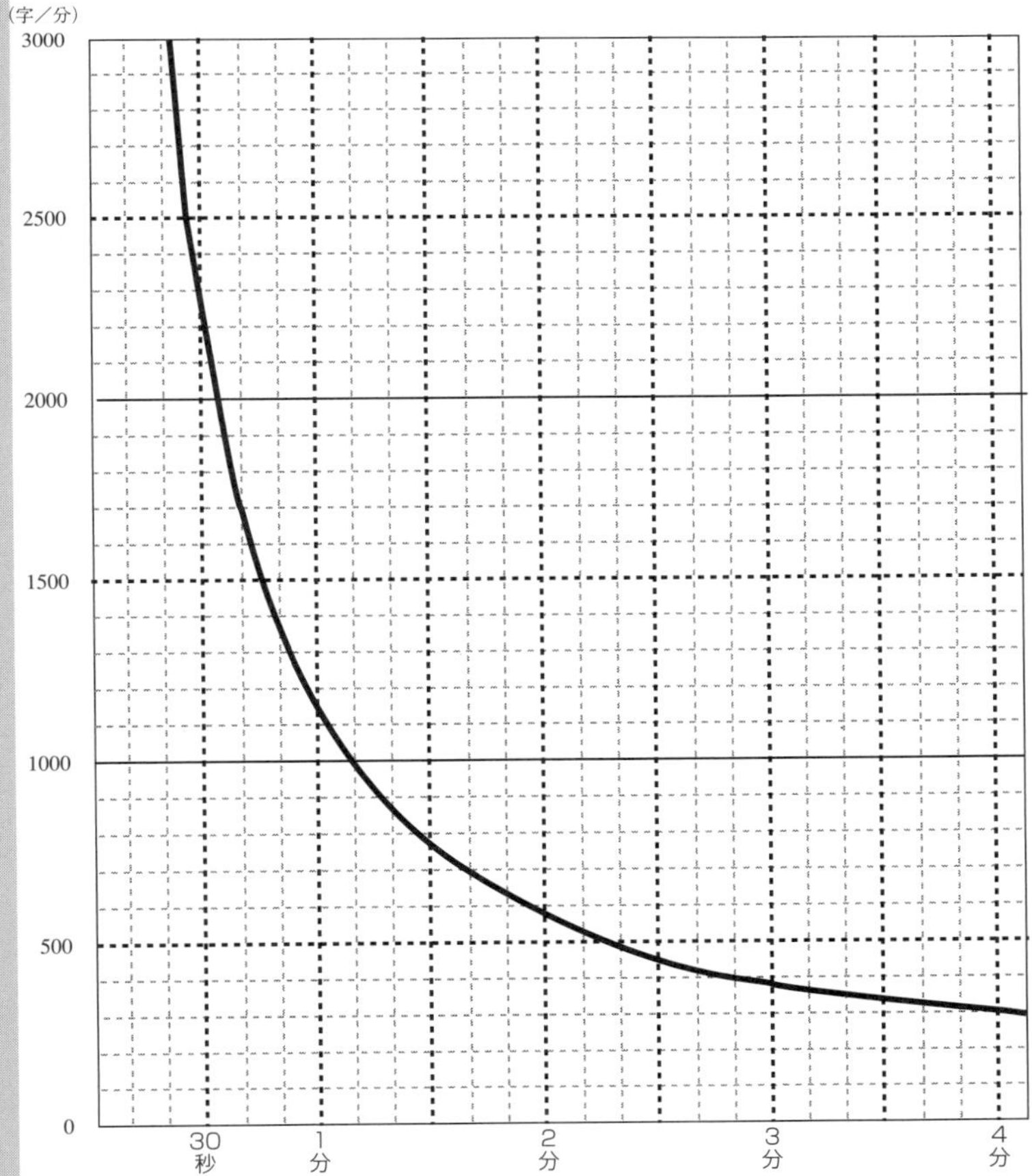

速度発達グラフ

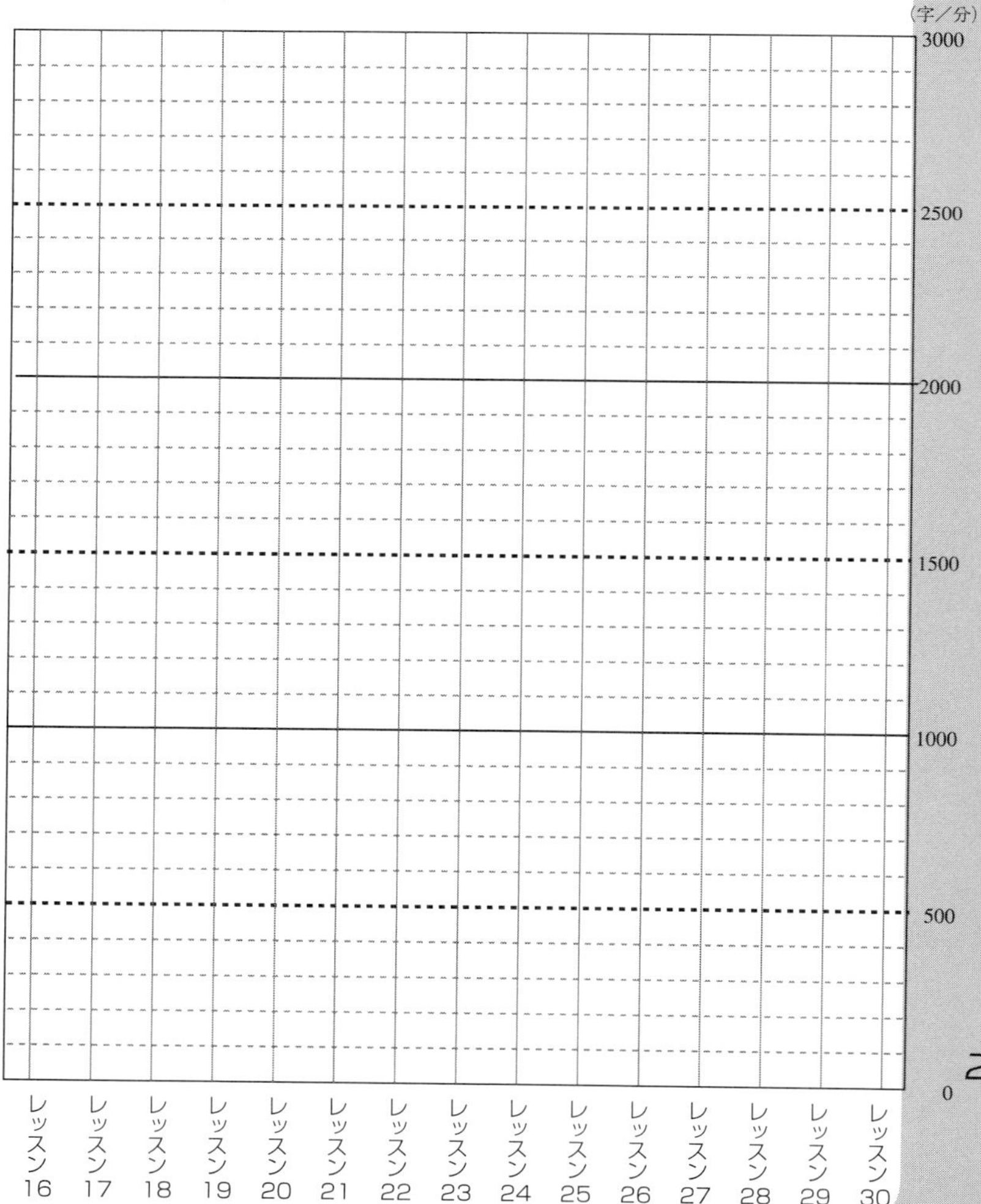
（字／分）
3000
2500
2000
1500
1000
500
0
レッスン16
レッスン17
レッスン18
レッスン19
レッスン20
レッスン21
レッスン22
レッスン23
レッスン24
レッスン25
レッスン26
レッスン27
レッスン28
レッスン29
レッスン30

速度発達グラフ

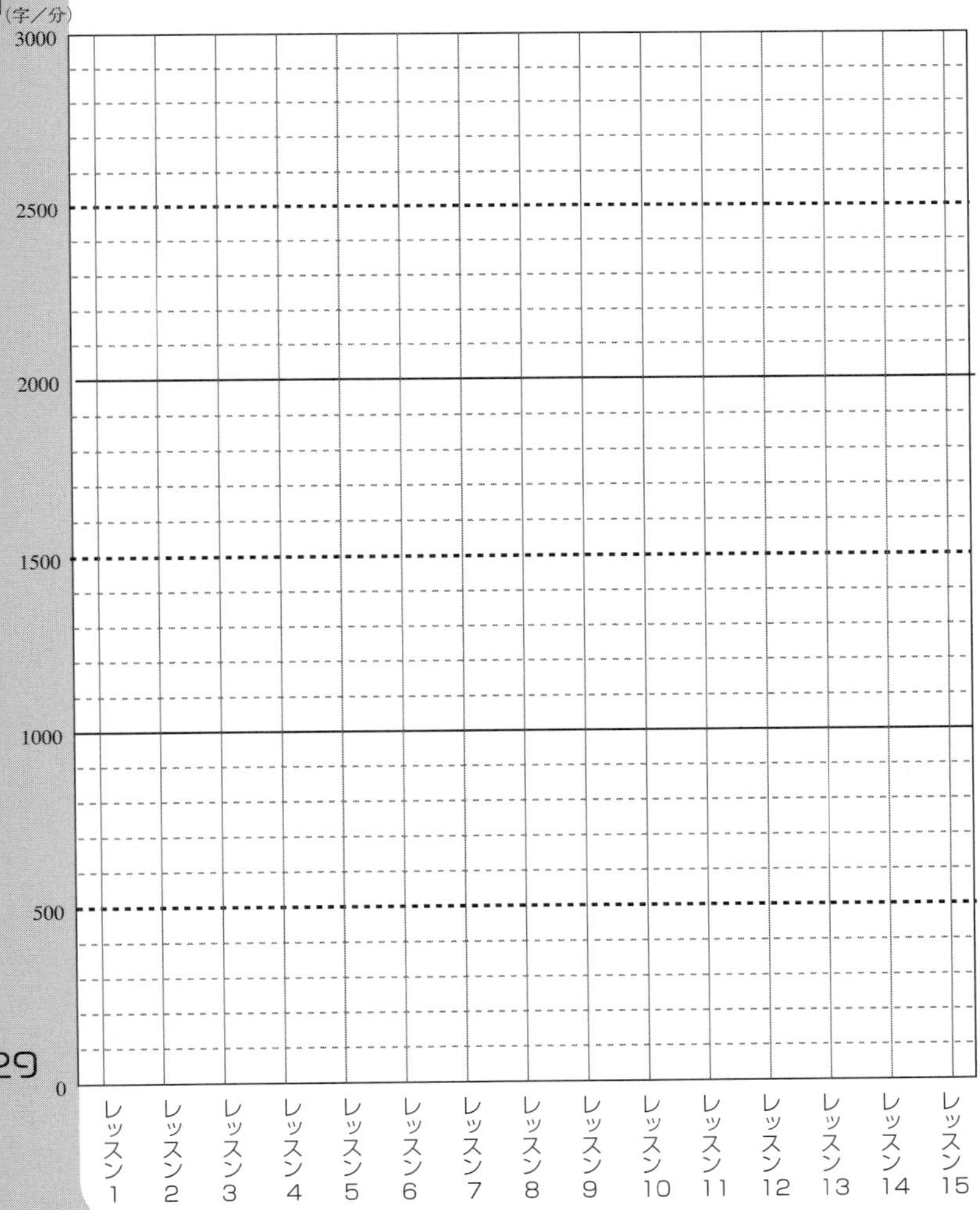
(字／分)
3000
2500
2000
1500
1000
500
0
レッスン1
レッスン2
レッスン3
レッスン4
レッスン5
レッスン6
レッスン7
レッスン8
レッスン9
レッスン10
レッスン11
レッスン12
レッスン13
レッスン14
レッスン15

第1章

例の方法

速読脳は誰でも持っている潜在能力だ

●○●○●○●

読了のめやす＝約6分30秒

POINT

読書は心を豊かにする

言葉は人を表します。言葉を知っているということは、その言葉の表す世界を知っているということ。したがって、豊かな言語生活を楽しんでいる人は、その人の内面世界が豊かであることを示しています。

言葉を使う能力は人間だけのもので、ほかの動物には見られません。

人間を人間たらしめるものは、言葉であると言っても過言ではないでしょう。その言葉の能力を豊かにするのが、読書です。つまり、**私たちの心を豊かにし、人間を人間たらしめるのが、読書である**わけです。

このように、私たちが人間として生き、文明を維持発展させていくために、きわめて重要な能力が読書能力であるにもかかわらず、その能力を伸ばすことは、長い間できませんでした。

もちろん追求しなかったわけではありません。100年以上前に、ドイツの心理学者ヴントが実験心理学のテーマとして読書を研究し始めて以来、たくさんの専門家や民間人が読書能力を向上させる方法を研究し、追求してきたのです。

しかし、「これだ!」という方法は見つからなかったのです。

先年、ＯＥＣＤ（経済協力開発機構）の総会で、ブッシュ大統領夫人が挨拶し、アメリカの21世紀の最大の課題は、国民の読書能力を向上させることだと述べたと伝えられています。というのは、アメリカでは読書障害児が増えてきており、このままでは、経済の発展にまで影響しかねないと考えられているからです。

※読書障害
知能に問題がないのに、脳神経の発達の影響で読み書きだけが困難な学習障害。ディスレキシア。

残念ながら、読書障害児の増える傾向は、日本でも同様だと指摘されています。温暖化を始めとして地球環境の悪化が懸念されていますが、人間の外部環境だけでなく、人間自身の内部能力からも、文明の維持発展が危ぶまれているわけです。

POINT

読書能力は変えられる

2002年1月2日は、日本において「読書能力は変えられない」という今までの常識を打ち破る画期的な日になったのではないかと思います。

NHKのテレビ番組「ためしてガッテン」で、私の教室の「速読脳開発プログラム」が取り上げられ、500字／分前後という普通の読書速度を持つ2人を、**約1万字／分**まで伸ばしていくトレーニングの様子とスタジオでの実演が放映されたからです。

私たちの速読に関する研究が初めて報道されたのは、1987年12月のこと。その後、何度かテレビやラジオ、雑誌などで報道されましたが、速読できるのは特別な人と受け取られたのか、それほど大きな反響はありませんでした。

しかし、「ためしてガッテン」は違いました。吉本興業のお笑いコンビの2人を実際にトレーニングして、1万字／分の速度まで伸ばしていく様子をしっかり取材して報道したのです。番組を見た方は「**自分の読書能力も伸ばすことができる**」と初めて自分に身近なものとして受け止めたのだと思います。

その反響は、数日間、教室の電話が鳴り止まないほど大きなものでした。

NHK「ためしてガッテン」放映 2002.1.2

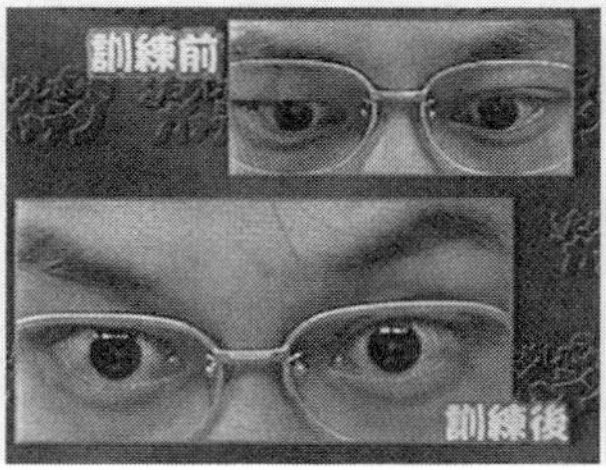

1987年、当時日本医科大学の故品川嘉也教授と共同で行っていた速読者の脳波学的研究がＮＨＫニュースで取り上げられ、速読時は脳全体が活性化していると考えられること、心の中での音声化が抑制されていることが放映されました。しかし当時は視聴者にピンとこなかったものと思われます。
15年たって、「ためしてガッテン」が放送された反響は段違いでした。

POINT

「読書能力は変えられない」というのは根拠のない思い込み

それにしても、1分間に1万字の速度で読書するというのは、どういうことなのでしょうか。

ふだん、読書速度を意識して読むことはほとんどないと思いますが、**日本人の平均的読書速度は、500〜700字／分**と言われています。最近は、読書離れのせいでしょうか、私の教室にくる方のなかに、500字／分を大幅に割る方もかなりいます。このような平均的な読書速度から見ると、1万字／分という読書速度は、20倍近くになります。

この本の1ページ当たりの文字量はやや少なめですが、多くの本は500字程度入っています。その割合でいくと、1万字／分という速度は、1分間に20ページ、つまり**1ページを3秒で読む速度**ということです。もちろん読書ですから、**すべての文字を順に読んでいきます**。

おそらく、「今までの読書と同じように読んで、1ページ3秒」と聞いて、多くの方は想像を絶したのではないかと思います。そんなことはあり得ないと思った方もいると思います*。

※「ためしてガッテン」の取材にきたＮＨＫのディレクターのＫ氏も、最初企画の説明にいらしたとき、「実は、私は速読ができるものとは信じていない」と言っておりました。これにはいささか困りましたが、取材の過程で納得してくださり、自分が納得できるようになったポイントを踏まえて、わかりやすい番組構成にすることができたようでした。

1分1万字
1分間に
20ページ
200ページの本も
10分で読了!!

ページをめくる
指さばきの
速さ・華麗さを
見てほしい!

1分に1万字の読書ペースはきちんと科学的なトレーニングを積まないと難しいですが、
この本を読んでのトレーニングで得られる
1分に2000字のスピードも、なかなかのものですよ！

自ら体験したことがなく、また多少トライしてもできそうもなく、かつまた、回りにそんな速度で読書する人を見たことがなければ、まさに想像を絶して、信じられないのは当たり前です。私もそれが当然だと思います。

しかし、結論を出すのはちょっと待ってください。

信じられないというお気持ちはよくわかるのですが、それは、「読書能力は変わらないものだ」という科学的根拠のない、漠然とした思い込みから出てきた判断ではないでしょうか。

能力は変わるのです。

現在の自分の能力や体験、経験、知識をもとにして判断することは多くの場合、間違いのない結論に達すると思います。しかし、まったく新しく出てきたものに対しては、それらの判断基準は必ずしも役に立ちません。

以前脳生理学では、脳神経細胞の数は、生まれたときのままで一生変わらないとされていました。

しかし、10年ほど前、その説は覆され、**脳細胞は高齢になってからでさえ増える**ことが立証されています。また、**「脳の可塑性」**といって、脳の神経細胞は、おかれた環境に対応して、その網の目のようなつながりを変えていくことが知られています。

これらの脳生理学の知見は、能力は変わりうるものだということを示唆しています。

心理学を見ても、私が幼い頃、知能指数は変わらないとされていました。しかし今は、知能指数は変わるというのが常識になっています。

「能力は変わるもの」というのが、科学的結論なのです。

問題は、どのような原理に基づき、どのようなトレーニングもしくは学習課程を経て、変え得るのかということです。

POINT

読書能力を伸ばす科学的な戦略

読書とは、本の文章を読んで内容を理解する行為です。その読書能力をあげるために、私たちは、言葉や漢字を覚え、知識を増やす教育を受けてきました。これらのことは、読書するための基本であるのですが、これらを増やしても、直接読書速度を上げることには結びつきません。

読書速度を伸ばすためには、別の観点が必要なのです。

その第一は、**能力の階層性**という観点です。

読書速度とは内容を理解する速度ですが、内容を理解する能力は、文字を理解する能力の上に成り立っています。文字を理解する能力は、文字を見る視覚能力の上に成り立っています。

つまり、**読書能力は、視覚能力を基礎として、その上の階層として文字を理解する能力、またその上の階層として内容を理解する能力を、階層として持っているわけです**。大まかに言って、読書能力とは、このような階層構造をなす能力の総体であるわけです。

がむしゃらに
読書中！

もちろん、たくさん本を読んで
言葉の知識を増やすのは大事だけど、
速く読むためには、科学的戦略がいるんです！

内容の理解
文字の理解
視覚
下のほうの階層から
すべて開発する
必要があるネ！

２つ目の観点は、**能力の発達過程**から考えるということ。

私たちは、幼いとき突然読書能力が生じたわけではありません。この世に生まれてすぐの赤ちゃんは、視覚能力さえまだ十分に発達していません。その視覚が外界から光という刺激を受けて発達し、やがていろいろなものを識別できるようになり、文字を識別できるまで発達したとき、文字を読むことができるようになります。しかし、文字を読めるようになっても、しばらくは内容の理解に結びつきません。会話を通して理解能力が発達してきたとき、はじめて読んだ内容を理解することができるようになるわけです。

このように見てくると、言葉や漢字を覚えることは理解の基礎ではあるのですが、読書能力全体から考えると、それは半分でしかありません。

読んで理解する能力は文字を見る能力を基礎にしているわけですから、文字を見る能力が、残りの半分と言えます。つまり、読んで理解する速度は、文字を読み取る速度によってその発達が律せられているわけです。

ですから、速度の面で読書能力を発達させるためには、**文字を読み取る速度を再度発達させる**という戦略が考えられるわけです。

これは、読書を認知心理学、発達心理学から見た科学的な戦略であることがおわかりいただけたと思います。

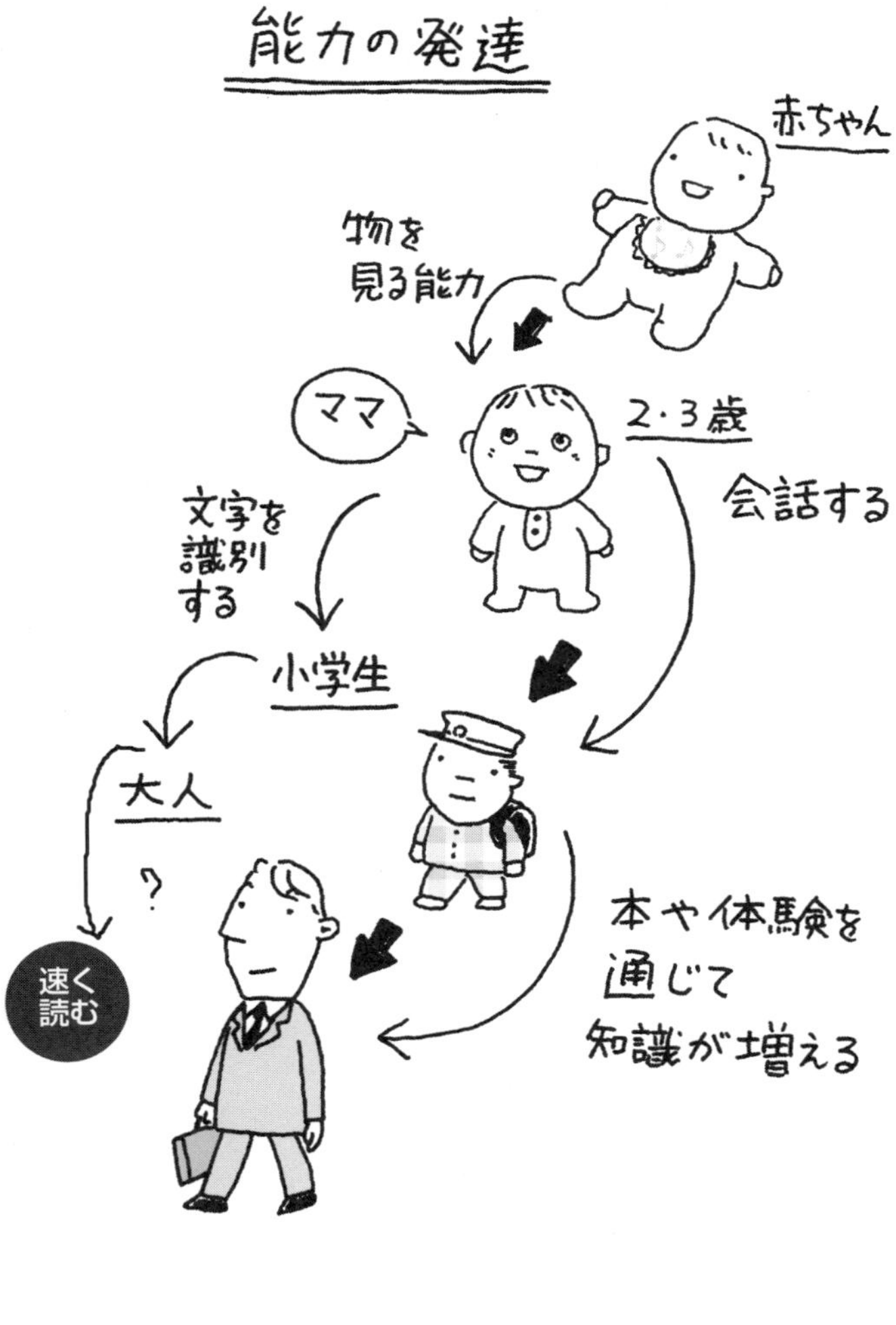
能力の発達
赤ちゃん
物を見る能力
ママ
2・3歳
会話する
文字を識別する
小学生
大人
?
速く読む
本や体験を通じて知識が増える

「速読」という わかりやすくて曖昧な言葉

「速読」という言葉は、昭和30年代から本のタイトルなどで使われているにもかかわらず、辞書に載るようになったのは、ここ数年前からです。

たとえば、速く読むのが速読ということですが、**どのくらい速く読めば速読といえるのでしょうか。**

この疑問に対する正解はありません。急いで読んで少し速く読むことができたというのも速読ですし、1万字／分以上の速度で読むのも速読なのです。しかし、後で述べますが、この両者は脳の働きから見て、全く異なることなのです。

また、**文字の追い方**はどうなのでしょうか。

おそらくこの本の読者にも、速読とは①**拾い読み**、**飛ばし読み**のことだと思っていた方がいるのではないでしょうか。なかには、ある速読の本を読んで、②**「1ページを丸ごと写真のように焼き付ける読み方**をするもの」と思っていた方も。

もちろん、③**すべての文字を順に追って速く読んでいく**のは速読ですが、今あげた①②のやり方も、速読なのです。

※広辞苑をひもとくと「本などを速く読むこと。(一術)」と書いてあります。それは、漢字を読み下しただけの解説ですから、辞書を引かなくてもわかります。このわかりやすさのために、かえって誤解が生じてしまうのです。

③は体験的に難しいとわかっていますから、むしろ、①②を速読だと思っている方が多いかもしれません。とすると、①②は理解が十分にできない読み方ですから、おそらく、「速読は役に立たない、それで読めると言うのだったら、それは超能力だ。私とは関係ない世界の話だ」という判断を下すだろうと思います。

しかし今、この本で説明しようとしている「速読脳開発プログラム」の速読は、

普通の読書と同じように、すべての文字を順に読んでいって、なおかつ、1ページを3秒以内で読む読書のことです。

それは、新しい体験になるはずです。

その新しい体験は、自分の能力を開発したとき、初めてできる体験です。

読書能力の基礎となっている**文字を読み取る能力**をまず開発します。高速で文字を読んでいく能力を獲得したら、その能力をもとにして、**高速で理解する能力**を開発します。

前者の、文字を高速で読みとっていく能力を「**速読眼**」、後者の高速で内容を理解していく能力を「**速読脳**」と、呼んでいます。

POINT

アメリカ式速読法とは

アメリカの大統領だったジミー・カーター氏の回顧録の中に、速読の話が出てきます。

大統領に就任してまもなく、目を通さなければならない書類があまりに多く、時間的余裕がなくなってきたので、速読法を学んだ。その結果、書類をスピーディに処理できるようになり、家庭や個人的なことにも時間を割けるようになったという話でした。では、アメリカ式速読法とはどんな手法なのでしょうか？

まず、普通の読書時の目の動きを説明しましょう。

図1を見てください。読書時には、文字を順番に読み取っていきますから、目もそれにしたがって滑らかに動いていっているように思われますが、実際は、図1のように不規則な動きをしています。その動きは4種類に分類されています。

①停留…文章を読んでいくとき、目は停止とジャンピングを繰り返します。そのうち停止のことを、停留と言っています。このときに文字を読み取ります。その時間は、読む文章や言葉の難易度、慣れ親しんでいる度合い、

アメリカ式速読法

図1

※ふつうの人の読書では、①停留②飛越④逆行がある。それをなるべく少なくして、読書スピードを上げようというのが、アメリカ式速読法だ

ふつうの人の視点の動き

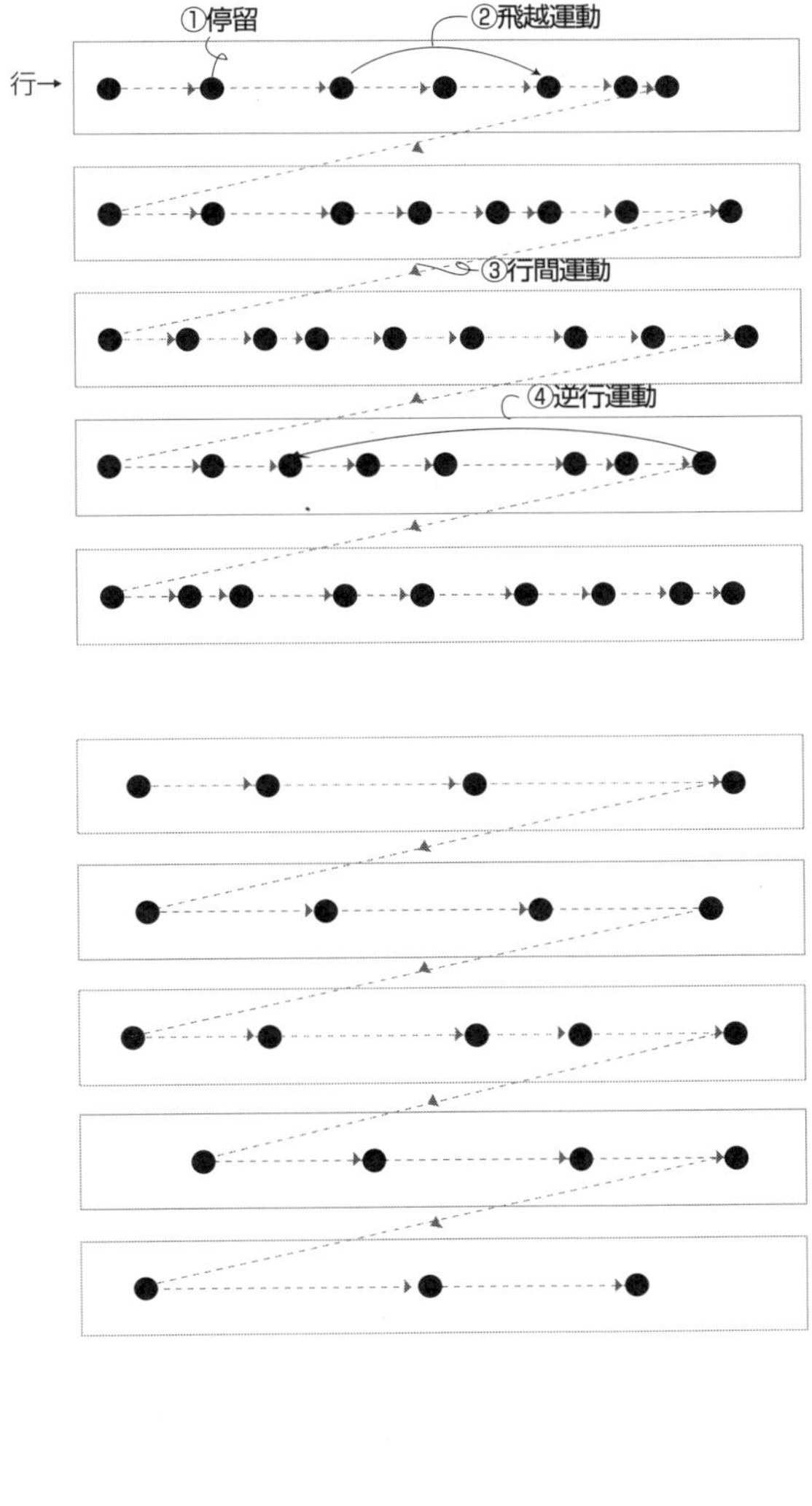

アメリカ式速読法での視点の動き

読む目的などによって異なりますが、0・2秒から0・6秒ぐらいです。

②飛越運動…1つの停留で文字を読み取ると、次の停留へとジャンプします。そのジャンプする運動が飛越運動です。およそ0・1秒以下のすばやい動きです。

③行間運動…1つの行を読み終えたら次の行の先頭に移る掃引運動です。簡単な運動のようですが、読書能力の低い子供たちにとっては、この動きが難しく、同じ行を見たり、前や後の行に飛んだりします。

④逆行運動…読書中に雑念が入って別のことを考えたりしていると、目だけが文字を追っていて、何を読んだのか理解していないときがあります。そんなとき、戻って読み直すことになりますが、その戻る目の動きを逆行運動と言います。

1回の停留で読み取る文字数は**認知スパン**と呼ばれ、**日本語では4文字程度**、英文では1・3ワード程度です。

認知スパンは大人になるまで成長とともに拡大します。また読書速度の遅い人は認知スパンが狭く、速い人は広いことも多くの研究で確認されています。それを図で表すと、図2（a）（b）のようになります。

読書速度と認知スパン

図2

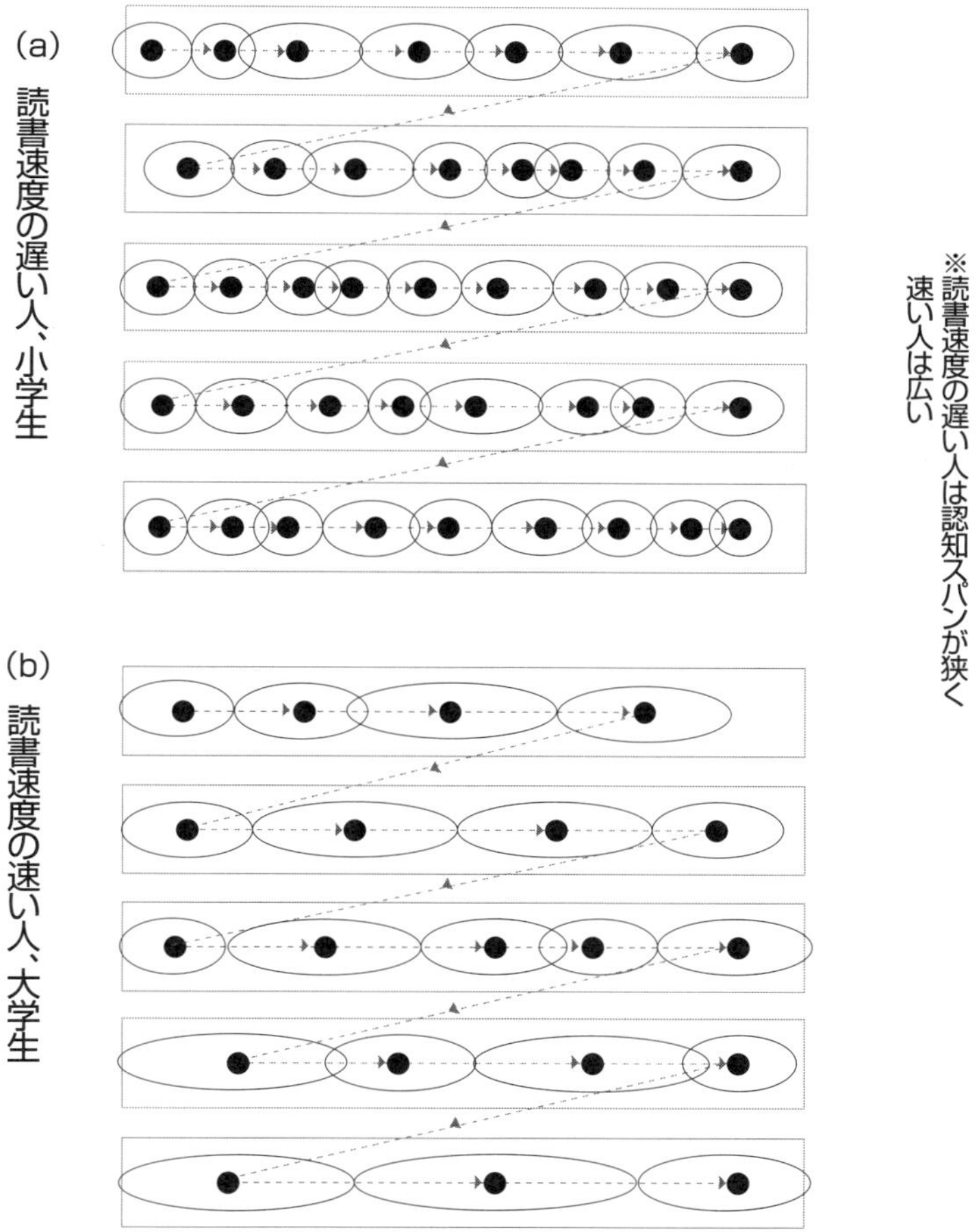
(a)
読書速度の遅い人、小学生
(b)
読書速度の速い人、大学生
※読書速度の遅い人は認知スパンが狭く
速い人は広い

アメリカ式速読法の原理は、**認知スパンを拡大すること**です。つまり、図2（a）のような動きの人を、（b）のような動きで読書できるようにするのが基本戦略です。

その上で、理解度が低下しないように、主語を見つけたり、主部と述部の区切れをチェックしたりする練習をします。書類によっては、要点だけを読み取っていけばいいわけですから、カーター大統領のように数倍の速さで書類を処理できるようになることも可能なわけです。

認知スパンは、解剖学的には、目の網膜の黄斑部に対応しており、明視距離で左右に6㎝弱、上下に5㎝弱ぐらいの範囲とされています。アメリカの雑誌のタイムやニューズウィークでは、1行の長さを6㎝弱にしていますが、これは解剖学的に読みやすいように設定した長さであるわけです。集中力のある人は、目線を縦に動かしても、内容を読み取れることになります。

しかし日本語の一般の本では、縦書きの行の長さが、14～15㎝ほどあります。したがって1行全体を一目で読むとか、1ページを一目で読むというトレーニングは解剖学的に無理があります。

それは、アメリカ式速読法の原理を拡大解釈しているだけで、結果として拾い読みのトレーニングにしかなりません。

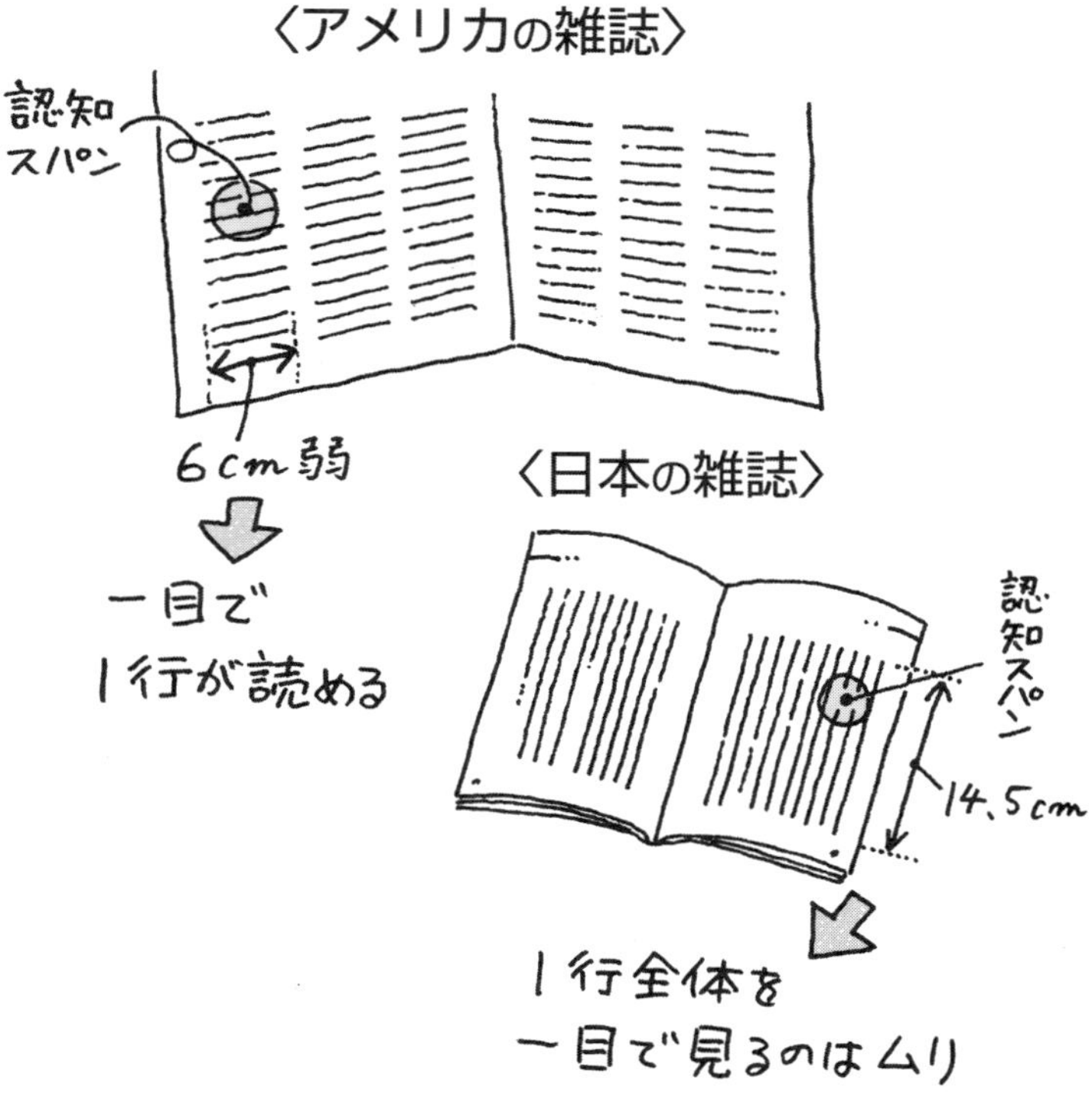
〈アメリカの雑誌〉
認知スパン
6cm弱
一目で1行が読める
〈日本の雑誌〉
認知スパン
14.5cm
1行全体を一目で見るのはムリ

英語には英語にあった速読法があり、
日本語や日本人には、またそれぞれに適した
速読法があるので、最適なものを選ばなければ、
あまり意味がないんですね

POINT

速読脳が開発されると読書時の目の動きが変わる

では、速読脳が開発されると読書時の視点の動きはどうなるのでしょうか。

図3を見てください。

その動きは、**滑らかであって、停留がありません**。

普通の読書時の目の動きは停留と飛越の繰り返しですが、これは、走っては信号で止まる一般道路にたとえられます。それに対して、速読脳が開発されたときの視点の動きは、信号のない高速道路にたとえることができます。

一般道路では、どんなに速度性能の良いスポーツカーを持ってきても、信号に妨げられて速く走ることはできませんが、高速道路では、一般の道路よりもはるかに速く気持ちのよいドライブを楽しむことができます。

事実、速読脳が開発されると**文字を次々と見ていくのが心地よくなってきます**。マラソンをする人にはランニング・ハイという心地の良い状態があると言われていますが、読書にも、正しくトレーニングしていくとリーディングハイとも呼

図3

速読脳が開発された人の視点の動き

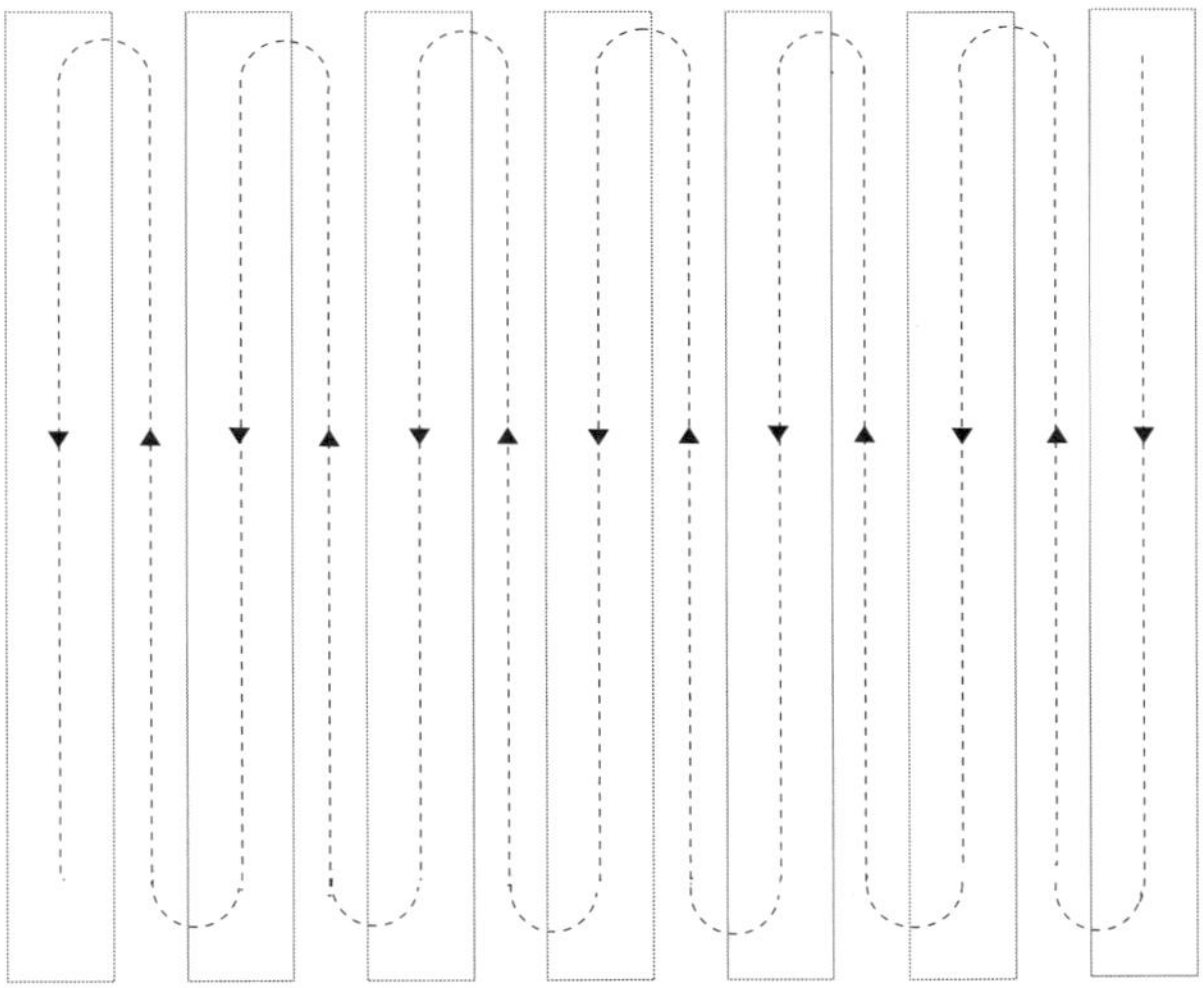

速読脳が開発されると、視点の運びに停留・飛越・逆行がなく、よどみなく行を追っていくことができます。

ぶべき心地よい状態があるのです。

それは、リラックスして、かつ集中している状態です。

「速読脳開発プログラム」のもたらす効果はいろいろありますが、この、**リラックスした集中状態を使えるようになる**ことは大きなメリットと言えます。

これは、深く集中していて、**自分の能力を十分に発揮できる**意識状態です。その意識状態に、仕事中でも、勉強中でも、スポーツをしているときでも、遊んでいるときにでも入りやすくなるのです。

その結果、仕事や勉強の効率が非常に良くなるわけです。

一方、トレーニングされていない普通の読書では、図1のように、飛越運動と停留を繰り返すため、ギクシャクした感じが何となく伝わってきて、気持ちのよい読書とはなりません。

飛越運動や行間運動によって、集中する意識が途切れるからです。

途切れた一瞬に雑念が入ってくると、読書に集中できなくなってしまいます。

スポーツでトレーニングした人のフォームは美しいものです*。

「速読脳開発プログラム」は、トレーニングされていないためにギクシャクと動いてしまう目を、**美しく動く読書用の目にする**のです。

※私はたくさんの受講生の目を見てきていますが、読書でもトレーニングした人の視線の動きは美しいと言って過言でないと思っています。

速読脳を開発すると
本が速く
読めるように
なる♪
もちろん書類に速く
目が通せて
仕事が
速くなるし
テキパキ
集中して
能力を十分に発揮できる
状態に入りやすくなる♪

読書時、速読脳はショートカットして新回路を作っている

速読脳が開発されたときの視点の動きについて説明しましたが、**脳の使い方はどのような違いがあるのでしょうか。**

日本医科大学の品川嘉也教授と共同研究を行ったことについてはすでに触れましたが、現在もいくつかの研究機関と共同研究を行っています。

その1つが、「ためしてガッテン」の取材がきっかけで始まった独立行政法人情報通信研究機構（旧称、通信総合研究所）の藤巻則夫先生*との研究です。

私の教室の速読熟達者の皆さんに研究所まで足を運んでいただき、脳活動を測定して論文にまとめて投稿しました。2004年2月、「NeuroReport」という学術誌に掲載され、秋には日本経済新聞の科学欄などに取り上げられたので、すでにご存知の方もいるかもしれませんが、ここで簡単に紹介することにします。

速読時の脳の活動は、図4にあるfMRI（エフエムアールアイ・機能的磁気共鳴画像）という装置で測定しています。fMRIというのは、国内のほとんどの大きな病院で画像診断に使われているMRIと同じものです。

※先生は、以前から、人の脳の中でどのように「読み」の処理が行われているかを調べる研究を行っていました。「速読」については、言葉は聞いたことがあっても、拾い読み飛ばし読みをせずに、高速で読めるようにするトレーニング方法があるとはもちろんご存じなく、取材のとき初めて速読熟達者が読むのを見て、驚ろくと同時に、大変興味を持ってくれました。

図4

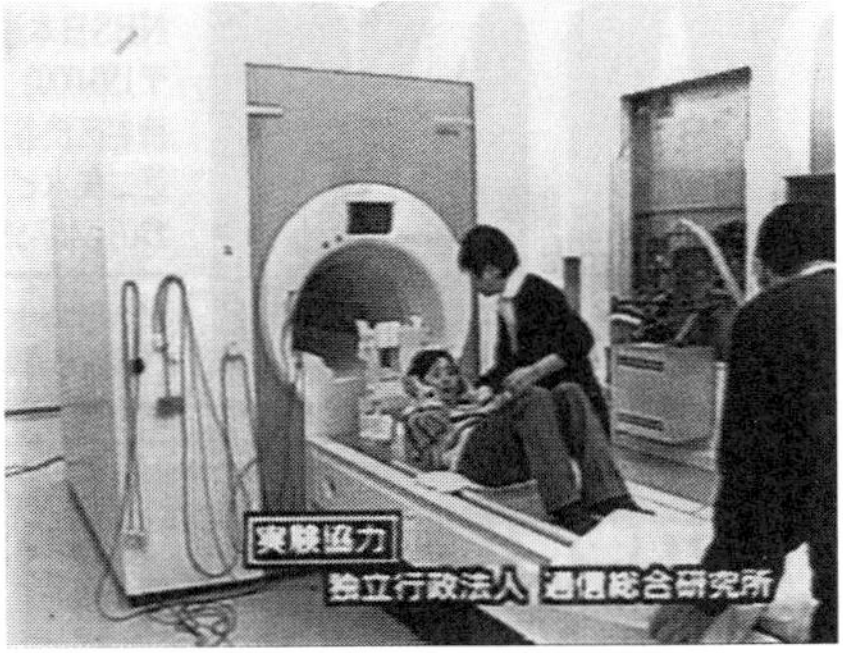

NHK「ためしてガッテン」より

この写真は、測定中の一コマです。

fMRIという装置はとても大きく、仰向けに寝た状態で装置の中に入ります。その姿勢で、スクリーンに投影した文章（夏目漱石の「こころ」など）読むわけですが、精密に脳を測定するため、頭部が少しも動かないように歯型を噛みながら読んでもらうのです。普段の読書と同じ集中を出すのはとても困難な条件のもとで実験しているわけですが、さすがに速読熟達者だけあって、全員よく集中して結果を出してくれました。

スクリーンの文章は、被験者がボタンを押すと、次のページが表示されるようにして、次々とページを読み進んでもらいました。一回が10分間の実験になりますが、速読者４人と非速読者４人がそれぞれ速く読む場合と通常の速度で読む場合の二通りの実験を行いました。速読者に参加してもらったことにより、普通の人が読む速さと比べ、一桁ないし二桁速い速度まで脳活動を計測することができました。

この装置では、局部的な血液量の変化を検知しています。脳の、活用をしている部位の血液量は増加すると考えられますから、その変化を見ると、脳の活性化している部位がわかるというのが測定原理です。

図5は、脳の活性化している部分を示した図です。黒く塗った領域が活性化している部分で、（a）は速読者、（b）は非速読者について測定した一例です。

図（a）を見てください。上側の2つの図は、速読者にゆっくり心のなかで声に出しながら読んでもらったとき、下の2つの図は、速読で読んでもらったときのものです。いずれも左の図は左脳、右の図は、右脳の結果を示しています。

多くの人は**「読み」などの主要な言語処理を、左脳（大脳の左側）で行う**ことが知られています。その中でも、聞いた言葉、つまり音声化された言葉を理解したり、言語音の選択などをつかさどるウェルニッケ野（図5参照）と、話すときの口や舌の動きをつかさどり、また文法の理解などに関係するブローカ野（同上）は重要な部位で、さまざまな言語処理の際に活動します。

上と下の図を比較すると、ゆっくり心の中で声に出して読んでもらったときはウェルニッケ野が活性化していますが、速読の場合はその活性化が消えています。

図5

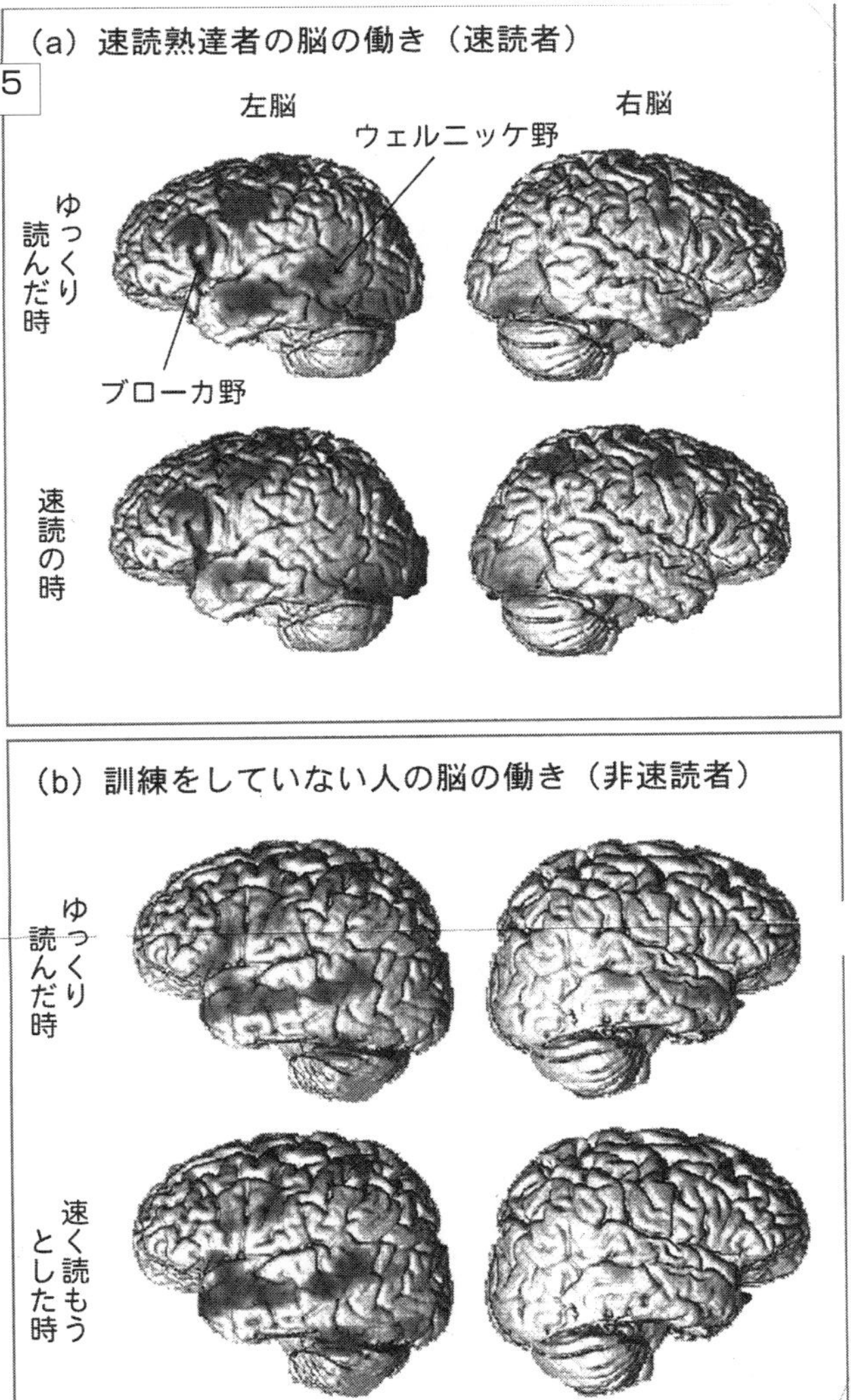
(a) 速読熟達者の脳の働き（速読者）
左脳
右脳
ウェルニッケ野
ゆっくり読んだ時
ブローカ野
速読の時
(b) 訓練をしていない人の脳の働き（非速読者）
ゆっくり読んだ時
速く読もうとした時

これは、速読熟達者が速読しているときには、心の中で音声化せずに理解している可能性を示しています。実際、速読者たちは、「心の中で音声化しないで読んでいる」と述べていますから、それに対応する、脳の活動変化と考えられます。

一方、図（b）の非速読者の脳では、普通に読んでいるときと速く読んでいるときを比較しても、目立った違いはありません。むしろ、速く読んでいるときの方が、ウェルニッケ野の活性化がやや強く出ていて（黒が少し濃い）、一生懸命、頭の中で読んでいるのがわかります。

速読熟達者では、音声化せずに理解しているということがわかった*わけですが、いつも心の中で声に出して読んでいる人にとっては、不思議な理解の仕方ということになります。いったい、音声化しない理解とは、いったいどんな理解なのでしょうか。

実は、今回の論文では直接触れていないことですが、図5（a）と（b）を比較すると、ゆっくり読んでいるときも速読しているときも、速読者の後頭部が活性化しています。特に右脳後頭部は、非速読者では、ゆっくり読んでいるときも速く読んでいるときも、この活性化が見られません。

右脳後頭部は、そろばんの暗算を行っているときなどにも活性化するところで、

※正確には、昭和62年から行った脳波を用いた研究で、このことが初めて発見され、NHKニュースで報道されています。したがって、今回は、ｆＭＲＩという別の測定法を用いて、さらに精度が高い実験で再確認されたということになります。

ふつうの人の読書回路

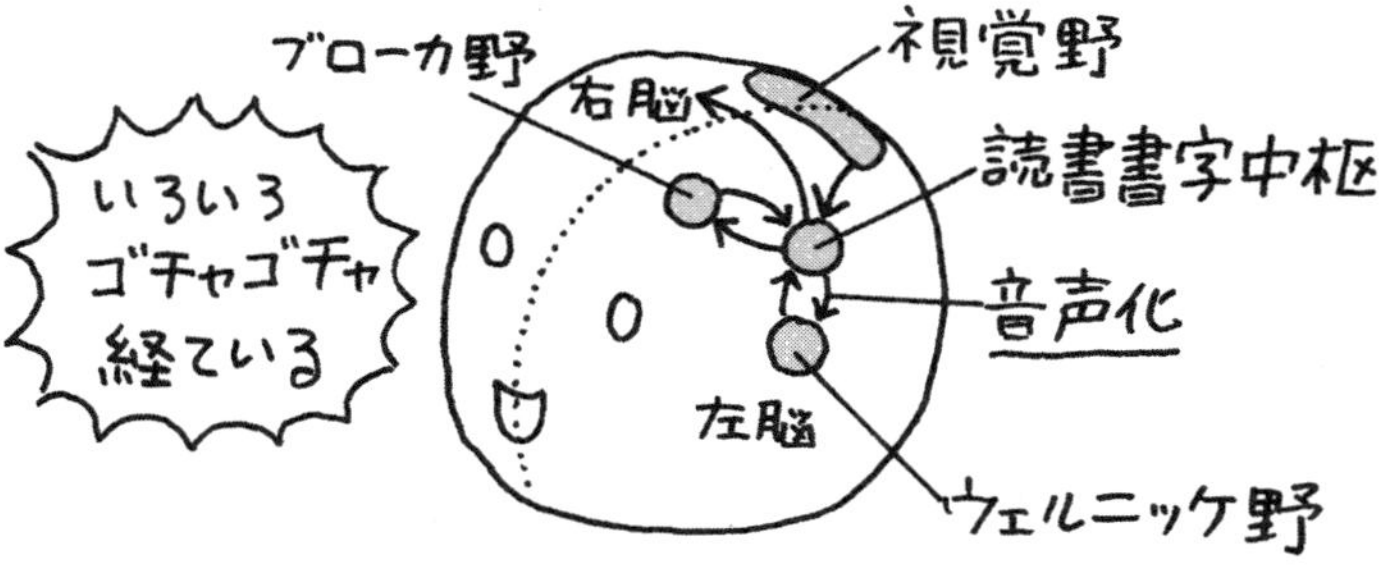
ブローカ野
右脳
視覚野
読書書字中枢
いろいろ
ゴチャゴチャ
経ている
音声化
左脳
ウェルニッケ野

速読脳が開発された人の読書回路

イメージ化
ショートカットして
シンプル

まさに省エネ♪
ですね。

故品川嘉也先生が「**イメージ中枢**」と呼んだ部位です。脳波を用いた研究でも、やはり右脳後頭部が活性化するという結果が得られていました。**速読者は、読書の速度にかかわらず、イメージ中枢を活性化させながら読んでいる**と言えます。

このイメージ中枢の活性化に、速読読書の理解の秘密があるのです。

私たちは、読書中、**文字を追っては音に変換する作業を繰り返している**わけですが、「わかった!」というときは、イメージが浮かんでいるときです。

ですから、実は**理解しながら読んでいるときは、心の中にイメージが浮かんでいる**わけですが、速読脳が開発できていない人は文字を追うことや音声化することにエネルギーを消耗してしまうために、そのイメージが希薄なのです。これが、読書中、よほど集中していなければ、イメージを意識しない理由です。もちろんそのとき、イメージ中枢は活性化しません。

速読では、文字を追うことに熟達するため、文字を追うのがとても楽になります。文字は1つ1つ認識していますが、それを音声化できる速度を超えていますから、音声化に消費するエネルギーも節約できてしまいます。

その結果、本当の理解である**イメージ化にエネルギーを集中できる**わけです。これが、イメージ中枢が活性化する理由です。

速読脳を開発して
熟達すると、
その理解は
"画像情報を
見ている"
ようなモノ

ただし、文字は絵を見るのとは違って
一文字一文字順に読みとっているんですよ

速読脳が開発されると、読書中のイメージがありありとしてきます。小説や物語であれば、その場にいるような臨場感のあるイメージが湧いてきます。たとえて言えば、ラジオで情報を得ている状態から、テレビで情報を得ている状態に、理解の仕方が変化するということです。

ですから、**速読脳が開発されると、理解力が向上したと感じる**わけです。トレーニングの結果として、このような脳の使い方が身に付いたとすると、いわゆる、右脳の活性化をトレーニングで達成したということになります。

このことは、「速読脳開発プログラム」で、イメージ力や直観力が向上したという受講生の皆さんの実感にも裏付けられています。

この共同研究では、現時点ですでに10名以上の速読熟達者のデータが集まり、統計的に処理することを試みています。統計的にデータを処理することで、わずかでも確実に変化している部位を見つけることができますから、これからの研究で、さらに詳しいことが明らかになってくると期待されます。

「速読脳開発プログラム」は思考速度を速くする

ここで説明してきたｆＭＲＩを用いた研究や以前行った脳波を用いた研究から言えることは、**速読脳を開発した人は、新たに、高速で理解することができる読書回路を脳に形成している**ということです。

もちろん、脳には可塑性があるので、それ自体は特別なことではありません。たとえば自動車の運転技術でも、運転免許証をもらえるまでになったときは、脳に新しい神経回路が形成されているわけです。目から入った位置や動きの視覚情報に、手足が半自動的に反応するような神経回路が、教習所での練習によってでき上がったということです。

しかし自動車を運転する神経回路の形成と速読脳による高速読書回路の形成では、その意味するところが大きく異なっています。

自動車の運転の場合には、見たものの動きに対して、判断し手足を動かすことが反射的にできるようになるという意味で、能力が向上します。これは、**外界に**

対する適応力を高めたと言えます。

速読脳による高速読書の場合には、**速読眼の開発から始まりますから視野の広い範囲を使えるようになります。**

その結果、確かに自動車の運転が楽になったり、野球のバッターは球がよく見えたりしますから、**外界への適応力もよくなる**ことはたしかですが、それだけではありません。

私たちの精神の機能である**理解する能力が向上し、その速度が速くなる**わけです。これは、**精神機能、つまり私たちの内部の機能の向上**です。

理解するという機能は、考える機能に極めて近いものがあります。

たとえば、著者が自分の考えを述べた本があるとします。アイデアを思いついたきっかけから、そのアイデアが展開していった経緯、そしてたどりついた結論までを、読者がわかりやすいように、著者の思考の流れにそって書いてあります。とすると、その本を読むことは、その著者の思考の流れを追うことになります。

速読脳による高速読書回路は、その**思考の流れを、高速で追うことを可能にします。**しかもこのような追跡を、たくさんの本で繰り返し行うことを可能にするわけです。

それは、まさに著者本人の頭脳の内部にアプローチする、思考のトレーニングと言えるでしょう。

今まで私たちは、短い文章を繰り返し読んで、その内容を深く考え、それを思考のトレーニングとしてきました。

それはそれで、大変意味のあることです。

しかし、速読脳の開発は、本の中に盛られた著者の思考の流れを高速でたどるという思考トレーニングと、思考の流れの全貌をとらえてから深く思索するという思考トレーニングとの、2つの新しいトレーニング法を可能にしたと言えるわけです。

POINT

「速読脳開発プログラム」は読書の潜在能力を開発する

「我思う故に、我あり」というデカルトの有名な言葉がありますが、私たち人間の特徴は、**思考能力を発達させている**ことです。

その重要な手段が読書であるわけです。しかし、読書能力の発達は、自然にまかされていたために、途中の段階でとどまっていました。

「速読脳開発プログラム」はその停滞を打ち破り、**読書能力を再度発達の階段にのせるもの**です。それは、思考能力の再発達を促す可能性があることは、今述べた通りです。

従来の読書による思考トレーニングは、国語の授業の中で行われてきました。その思考トレーニングを徹底して行うのが哲学であり、宗教的修行であるわけです。西田哲学や、公案を考える臨済禅などはその典型と言えるでしょう。

思考力を高めた結果得られるものは、生きるという命題に対する1つの気づきではないでしょうか。「速読脳開発プログラム」のトレーニングは、そのような気づきにつながる可能性のあるものだと私は思っています。

20世紀の100年間に、科学技術は飛躍的に発展し、その結果、エネルギーの消費量だけでなく、私たち自身が処理しなければならない情報量も厖大なものになってきました。

その勢いのまま21世紀に突入してきたわけですが、人間自身の情報処理能力は変わらないままです。これからもIT産業は発達していくでしょうが、ITが便利なものを創り出せば創り出すほど、私たちが処理しなければならない情報量は増えていきます。

現代社会に生じているいろいろな問題は、あふれる情報に振り回された結果のように見受けられます。

教育は、単に知識を教えるだけでなく、知識を処理する能力を高める方法を指導するべき時期に来ているのではないでしょうか。

40代や50代の受講生が速読脳を開発すると、異口同音に言う感想が、「この能力が学生時代にあれば…」「オレの大学の4年間は、いったいなんだったんだ！」です。あまりに低かった学生時代の読書能力を振り返り、慨嘆したつぶやきです。

もちろん1分間に1万字以上も読む読書能力を身につけることはそう容易では

ありません。
健康状態に問題のある人は健康状態を改善させなければなりませんし、集中力のない人は集中力を向上させなければなりません。場合によっては、考え方の間違いを修正する必要があることもあります。

修正の規準はただ1つ、**本人自身が本来生まれ持ってきた能力を発揮できるかどうか**です。

できないとすれば、どこか改善すべき点があるということです。この意味では、修行に近いところがあると言っていいと思っています。

NHK「ためしてガッテン」や、その後同じように実際にトレーニングの過程を報道したTBS系の番組「世界バリバリ★バリュー」でも、実際にトレーニングを受ける出演者を選ぶとき、オーディションを行って、3組の中から選んでいます。何か今述べたような問題があれば、指定された10日間で速読脳を開発することはできないからです。

速読眼を開発する段階だけでも、100近くのトレーニングステップがあります。

2階の屋根へは垂直跳びではとても上がることができませんが、梯子をかけて一段一段上っていけば、確実に上がることができます。義務教育が小学校一年から段階を追って中学三年まで進んでいくように、**「速読脳開発プログラム」にも教育課程がある**のです。

また、トレーニングの良否を見分けるチェックポイントは100以上あります。

私たち講師は、それを頭に入れておいて、受講生をひとりひとり指導していきます。そして、トレーニングした結果は、お医者さんと同じようにカルテに、毎回細かく記入されていきます。

このような指導方法で、たくさん人の速読脳を開発してきていましたから、NHKから「ためしてガッテン」のお話があったとき、引き受けることができたのです。

ところが、その年の秋には、朴先生の方法を表面的に形だけまねたものが速読法として出始めます。日本に韓国の速読法として最初に入ってきたキム式速読術は、3番目にまねしたものです。まねた人たちは、朴先生が10年以上にわたって研究して創案したトレーニングフォーマットを、根拠もなくデフォルメして、自分こそ速読術の創始者だと主張して速読術を広め始めました。こうして、韓国の速読ブームが起こったのです。

しかし、形をまねただけでは、トレーニングはできません。「目は心の窓」ですから、見る能力を高めるためには、複雑な心理操作を必要とします。それがない指導では、きちんと速読能力が身に付かないばかりか、問題を起こします。

案の定、受講した子供たちが「内容を理解していない」とか「目を悪くした」という批判が起こり、1982年には、政府が規制してしまいました。その後規制は解除されましたが、朴先生は、大学の中で教えているだけなので、一般社会のなかでは、まねたものが現れては消えるというのが、現在でも続いています。

残念ながら、このような状況は日本でも同じです。どうしてそのような状況になってしまうのかというと、確かに、教室経営者のモラルの問題もあるわけですが、速読という言葉自体が、わかりやすいようで、実はよく理解されていないからだと思われます。

速読脳の開発はソウル大学教育研究所から始まった

読書能力を速度面で発達させるための教育原理を最初に考え出したのは、当時、韓国のソウル大学校師範大学で専任講師をしていた朴鏵熚(パク・ファーヨップ)先生です。

朴鏵熚先生は、1966年から研究を始め、76年に「読書力養成のための実験研究」と題する最初の論文を出しています。この論文では学習基礎能力、つまり学習能力を高める基礎となる能力を読書と想定して、中高校生の読書能力を伸ばすトレーニングを実施し、その結果、集中力や記憶力などの学習基礎能力を実際に伸ばすことができたことを報告しています。

当時彼は、師範大学付属教育研究所の教育心理学、読書心理学を専門とする専任講師でした。それまで、読書能力を伸ばす方法は、世界を見ても明確なものがありませんでした。そこで、教育研究所では、この画期的な読書教育を全学で実施することにしました。

1979年3月、「読書能力開発プログラム」という名称で開催された講座がそれでした。今から見ると、かなり粗いトレーニングプログラムですが、学生たちはもともと集中力が高く、3カ月の講座で1万字/分以上の読書速度を達成する人がたくさん現れました。

この講座は、ソウル大学校の学生や教職員だけでなく、他大学からも噂を聞いて受講に来る人が出てくるなど、大変な反響を呼びました。それがまもなくマスコミの知れるところとなり、たちまち朴鏵熚先生はテレビにラジオに新聞にと取り上げられることになりました。朴先生は当時を振り返って「ある朝目が覚めたら、有名人になっていた」と笑っていました。

第2章
例の方法

読書に集中できる**体力を養う**

●○●○●○●

読了のめやす＝約4分30秒

生活体力を向上させよう

「本を読みたいとは思うけど、自宅に帰って食事すると、疲れて何もする気になれない」という方はいないでしょうか？　あるいは、会議中に書類に目を通しているうちに、いつの間にか眠りに落ちていた、なんて経験はないでしょうか？

身に覚えがあるとしたら、あなたは**体力不足**の可能性があります。

もちろんここで体力というのは、スポーツをするための筋力的な体力のことではありません。普通の生活を持続して営むために必要な体力のことです。

スポーツでは、瞬発的に短時間だけエネルギーを爆発させて大きな力を発揮しますが、日常生活では、たとえば姿勢を維持するときのように、大きな力ではないが持続する力が必要です。

このような、**健康力**あるいは**バイタリティ**という言葉で置き換えられるような体力のことを、ここでは**生活体力**と呼んでいます。

「速読脳」を開発している受講生のA君の話。彼は、大学院を終えて、一部上場の大手の会社に入社しました。入社してすぐ、新入社員研修に入りました。
ところが、研修中にほとんどの新入社員が居眠りをしているというのです。そ
の中で、彼は、眠ることなく、しっかりと集中して講義を聴くことができたとい
うことでした。おかげで、一人だけまったく眠らずに聴いている新入社員がいる
ということで、すっかり名前を覚えられてしまったと笑っていました。
講師が一生懸命に講義をしているときに、居眠りしているとしたら、それは、
講師にとって不愉快なことです。言うまでもなく、居眠りしている社員の評価は
低いものになります。会議中や研修中に居眠りするという話もよく聞きます。な
かには、それは当たり前のことと思っている方がいるかもしれません。

でも、もしあなたが眠りたくないのに眠りに落ちてしまうようなら、それは、
体力に問題があると考えなければなりません。
そのような体力で、読書で深く集中することは困難です。
眠るために本を読むような場合は別として、あなたが読もうと意図していると
きに、身体がその意図を実現するようについてくることができないとすれば、そ
れは、**体力の向上について再考する必要があるということなのです。**

POINT

脳の活動は身体に支えられている

「身体が資本」という言葉がありますが、これは読書においても当てはまります。**読書というのは、脳に蓄えられている文字や言葉、イメージ、概念などを取り出し、また新しいイメージや概念を創り出していく行為**です。

速く読むということは、その**取り出したり、創り出したりする速度を速くする**こと。それは、脳内の神経細胞の情報伝達を効率よくすることを意味します。

ですから、速く読む能力を身につけようとするなら、まず、**脳をベストコンディションにしておく**必要があるわけです。

ところが、脳は単体で存在しているわけではありません。身体の一部として存在して、酸素も栄養も身体の他の部分に支えられてその機能を果たしているわけです。もちろん、脳がしっかり機能しなければ、身体の他の部分も本来の能力を発揮できません。身体は、すべての部位が互いに持ちつ持たれつの関係にあって、全体で人間としての本来の能力を発揮できる仕組みになっているわけです。

若くて元気なときは、とかく身体のことは無視しがちですが、脳から本来の機能を引き出そうとするなら、身体の調整に十分注意を払わなければなりません。

そこのあなた、バイタリティの不足です！！
読書はこうした、大切な働きをするんですから
しっかり体力をつけて、脳をベストコンディションにして、ガンガン読書しましょう！

新しい 文字 言葉 イメージ 概念
今まで脳の中にあった 文字 言葉 イメージ 概念
本を読む

POINT

読書に集中できるだけの体力を養う

心と体は「心身一如」と言われるように、不即不離の関係にあります。ですから、身体を真に整えることは、心を整えることでもあります。

実は、私は、五年ほど前からちょっとした異変を感じています。

それは、「**本を読んでも頭に入らない**」と、説明会にきて訴える人が出てきたことです。22年前、速読教室を始めたころは、確かに受講生の数も少なかったのですが、そんな訴えをする人はまったくおりませんでした。

また、**読む速度が極端に遅い**人も、目に付くようになってきました。

以前は、新規の受講生の平均読書速度は、日本人の平均読書速度（500～700字／分）を上回って800字／分ほど。なるほど、速読はすでにたくさん読んでいる人が、さらに必要に迫られてくるものなのだなあと納得していたものでした。ところが、近年は、200字／分台の読書速度の人も珍しくないのです。

さらに、花粉症やアトピーの方が増えました。春先の鼻がむずむずする頃などや、かゆみがひどい場合、やはり訓練に集中できません。本人にやる気はあるのに、訓練の効率が低下してしまうのは、教えていて、とても残念でなりません。

私事ですが、先日、中学3年時のクラス会がありました。ほぼ40年ぶりの再会でした。
年齢の関係で健康が話題になりましたが、小学校や中学校時代を振り返って、「あの頃は、花粉症の子も、アトピーの子もいなかった」というのが、クラス仲間の記憶の一致するところでした。
今は、天気予報の1つとして花粉情報がテレビで流れるぐらい、花粉症にかかるのは当たり前のように受け止められています。これは、異常事態と言えます。
私には、現代の日本人が常識として受け入れている知識に、その原因となる誤りが潜んでいると考えられてならないのです。

POINT

能力の開発は食生活の改善から始まる

私たちの身体は、食べ物のエッセンスからできています。活動のもととなるエネルギーも食べ物から得ています。

ですから、何を食べ何を飲むかということは、身体にとっても脳にとっても、きわめて重要なことになります。

ところが、私たち一般人の多くが「体に良い」と信じているものなのに、専門家の間では真っ向から対立する賛否両論が唱えられている飲食物があるのです。

その食べ物とは、「白砂糖」と「牛乳」です。

本当に、砂糖は「脳の栄養」か？

甘いものを摂りすぎると虫歯の原因になるとか、骨が弱くなるというのは、私たちの世代の常識でした。ところが若い人の中に、「甘いものを食べると疲れがとれるから体に良い」と思っている人が意外に多いのに驚きます。

確かに、疲労困憊しているときに、甘いチョコレートを一口食べたりすると、体の疲れが消えて意識も鮮明になることがあります。このような効果からみると、登山をするときなどに、体力を消耗してしまった緊急時に備えてチョコレートなど甘いものを持っていくのは、理にかなっていると言えるでしょう。

実際、砂糖は江戸時代まで薬として使われていました。それは今でも高級和菓子に使われている和三盆という砂糖です。和三盆は、伝統的な手作業で作られていて、自然のミネラルを含んでいます。

しかし、今の白砂糖は、化学的に精製されていて、ショ糖という高純度の化学薬品です。

とすると、いかに疲れを取るのに即効的な効果があるとしても、食後のデザートのように、それを常用してよいものかどうか、たくさん摂取しても大丈夫なものかどうか、という疑問が湧いてきます。薬ならば、副作用が生じないように、自ずとその使用に制限があるからです。

砂糖については、ここ数年来、「砂糖は脳の栄養である」と宣伝されています。しかし、このキャッチフレーズは、大変大きな誤解を生じさせています。

砂糖といえば、ほとんどの方が白砂糖を連想すると思います。しかし、**脳の栄養となるのはブドウ糖**です。白砂糖は消化されてブドウ糖になりますが、その過程でビタミンＢ１やカルシウムを消費することがわかっています。

ですから**白砂糖をたくさん摂ると、ビタミンＢ１やカルシウムの欠乏症が起きる**わけです。

カルシウムが不足すると脳の働きが鈍くなる

もちろん、砂糖を多く摂ったからといって急に骨粗鬆症になったりするわけではありません。それ以前に、体液中のカルシウムが不足することになります。体液中のカルシウムが不足すると、脳内の情報伝達がうまくいかなくなります。

というのは、脳の働きは、ミクロに見ると神経細胞間の情報伝達の集積と言えるわけで、その情報の伝達は神経細胞のつなぎ目であるシナプスで、情報伝達物質が移動することによってなされます。

ですから、カルシウムが不足すると、脳の働きが鈍くなることはもちろん、精神の不安定、運動能力の低下、免疫能力の低下などを引き起こします。これは、能力開発を志すものにとって、看過できないことです。

たとえば、運動神経や副交感神経の末端から分泌され、記憶に関係するとも言われている重要な情報伝達物質のアセチルコリンが、一方の神経細胞から他方に発射されるとき、その引き金の働きをするのがカルシウムなのです。

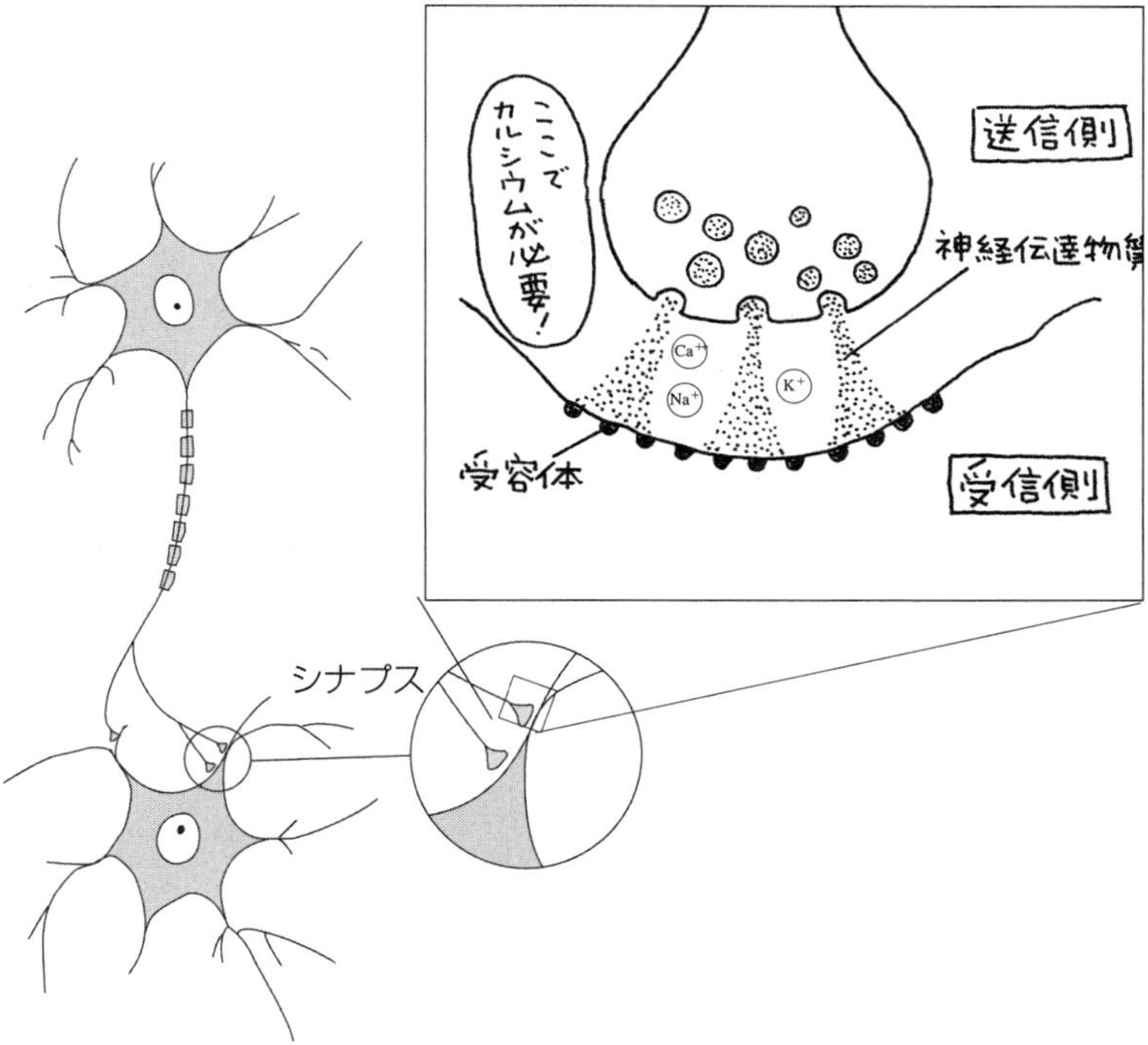
ここでカルシウムが必要！
送信側
神経伝達物質
Ca++
Na+
K+
受容体
受信側
シナプス

砂糖を摂りすぎると低血糖症になる

ブドウ糖は脳の神経細胞の唯一のエネルギー源で、脳にとって酸素と並んで、極めて重要な存在です。確かに、疲労困憊して血液中のブドウ糖が不足しているときに甘いものを摂ると、その中に含まれている白砂糖が急速に消化吸収され、血中のブドウ糖が増加し、意識も肉体も正常な活動を取り戻すわけです。

しかし、この急速に血中のブドウ糖濃度が上がる過程に、問題が潜んでいます。実は、ブドウ糖の血中濃度は一定の正常範囲に保たれていなければなりません。濃度が高くても低くても、この正常範囲から逸脱すると、記憶力や集中力、気持ちの安定、ものの捉え方や感じ方など、精神機能に悪い影響を与えます。

ですから、ブドウ糖の血中濃度つまり血糖値が高くなると、脳からの命令により、膵臓からインシュリン（医学ではインスリンと言う）というホルモンが分泌され、血糖値を正常範囲に調整しようとするわけです。

甘い飲食物の摂取による急激な血糖値の上昇とそれを押さえようとするインシュリンの放出を繰り返していると、血糖値が下がってもまだインシュリンが血中に残っていて、血糖値を異常に低下させる事態が起きてしまいます。

これを**低血糖症**と言います。

糖類はそもそも自然の中では光合成で作られ、炭水化物として野菜や果物にたくさん含まれています。これらの野菜や果物を自然の形で食べていたときは、酸や食物繊維も含まれていますから、多めに摂ることはあったとしても、その消化吸収速度はゆっくりでした。

ところが、近年は、まさに白砂糖がそうであるように、植物から抽出精製された純粋な糖が、多くの加工食品の中で使われるようになりました。このような食品を食べたときの糖の消化吸収は極めて早く、血糖値は急速に上がります。白砂糖がたくさん入った甘い清涼飲料を飲んだ場合は、まさにその典型的な例です。

低血糖症はオソロシイ！

低血糖症は、実は、二十一世紀の疫病と言っていいぐらい、先進国では問題になっている病気です。自分ではなかなか自覚しにくい神経症状や精神症状を起こし、結果として犯罪や離婚が増加し、社会不安を増長することになるからです。

低血糖の一般的症状としては、**神経過敏、怒りやすい、強い疲労感、ふらふらする、震え、冷や汗、抑うつ、めまい、眠気、頭痛、消化障害、忘れっぽい、不眠**（目を覚ますと再び眠れない）、**わけの分からない不安感、心悸高進、社交性の欠落、反社会的発想や行動、筋肉痛、決断できない、アレルギー、協調運動不能、集中力低下、眼がかすむ**、などがあげられます。

現代社会が抱えている、不登校、いじめ、閉じこもり、理由不明の衝動的犯罪、学力の低下、ＬＤ（学習障害）やＡＤＨＤ（注意欠陥多動性症候群）などの陰に、低血糖症があると一部の専門家は見ているのです。

若い受講生の皆さんに聞くと、「疲れやすい」「落ち込みやすい」「不眠症だ」「偏頭痛がある」「寝不足でないのに眠くなる」などという人はかなりいます。

これらに心当たりがあったら、あなたも低血糖症の可能性がないかどうか、自分の食生活を振り返ってみることを是非お勧めします。

糖って何？

糖という言葉を整理しておこうと思います。

私たちは、食物に含まれる三大栄養素を知っています。炭水化物、脂肪、蛋白質です。このうち、炭水化物というのが、糖類のことです。

炭水化物は、自然界のなかでは、光合成で作られますから、野菜や果物の中に多く含まれています。ショ糖つまり白砂糖は、サトウキビやサトウダイコン（ビート）から抽出された純粋物質です。

糖類は、その分子構成によって、単糖類、二糖類、多糖類に分類されます。単糖類は、最小単位の糖で、ブドウ糖、果糖、ガラクトースなどです。二糖類は単糖類が二つつながったもので、ショ糖、乳糖、麦芽糖などです。多糖類は、でんぷんやオリゴ糖などです。

私たちが、食物を摂ると、その中の炭水化物は、単糖類に分解され、小腸で吸収されます。小腸からは血液によって肝臓に運ばれ、そこで、果糖やガラクトースもブドウ糖に分解されます。そしてそのブドウ糖は、グリコーゲンとして肝臓に蓄えられたり、体細胞などのエネルギー源として体のあちこちに運ばれるわけです。

POINT

食生活を見直して甘いものを減らそう

脳の力を十分に発揮するために、実際の食生活で注意すべきことを説明しておきましょう。

①食生活全般を見直して、白砂糖の摂取量を減らすこと

江戸時代までの日本の伝統的な食事には、白砂糖を使ったものはなく、高級和菓子に和三盆が使われていただけでした。その結果、**当時の日本人は幕末に来日した西洋人が驚くほどの知力、体力を発揮していました。**高血糖と高インシュリン値は、記憶や脳機能に混乱をもたらすことは疑いの余地がないというのが専門家の見解です。とにかく、白砂糖は、摂らないに越したことがなく、食物として不適切な物質であることを覚えておいてください。

②甘い清涼飲料を飲まない

低血糖症にならないためには、急速に血糖値を高めるような食品は避けなければなりません。その意味で、砂糖やシロップなどが液体で含まれている甘い清涼飲料は、できるだけ摂取すべきでないものと言えます。

また清涼飲料の多くに含まれている**合成着色料や香料も、ＬＤやＡＤＨＤの原因になる**と専門家によって指摘されています。

③食後にケーキなど、甘いデザートを食べる習慣を止める

せっかく食事で摂取したビタミンやカルシウムを捨て去るような行為です。能力開発を志すなら、止めたい習慣です。普段の食事をしっかりしている人が、たまにお付き合い程度に食べるのは、問題ありません。

④精白された食品を少なくする

精白された食品は、甘い清涼飲料の次に急速に血糖値を高めるものです。精製されているため、ビタミンやミネラルも少なくなっています。白パンなら全粒粉のパンに、白米なら七分づき米や五分づき米または最近はやりの発芽玄米などにすると良いでしょう。

⑤穀類を中心に、海藻や野菜、豆類を積極的に摂る

これらが、本来炭水化物やミネラルの栄養源として食べるべきものです。血糖値を急速に上げる食べ物も、これらの食品と一緒に食べることで、その上昇速度を下げることができます。野菜は、葉っぱを食べる葉菜だけでなく、にんじん、大根、ごぼう、れんこんなどの根菜を食べることが大事です。

牛乳は完全食品ではない

この見出しを読んで、驚いた方もいるのではないでしょうか。確かに常識とあまりに違ったことですが、まさに「牛乳が完全食品だ」というその点に、専門家は強い疑問を投げかけています。

２００５年3月9日のライブドア海外ニュースのホームページによると、アメリカの小児科の医学雑誌に「牛乳を良い食品とすることは疑問だ」という研究が発表されたとのことです。

実は、アメリカでは、同様の研究は今まで多数発表されてきています。

成人の日本人で牛乳の主成分である乳糖を消化するラクターゼという酵素を持っているのは、15パーセント程度に過ぎません。一方アメリカの場合は、黒人で30パーセント、白人で92パーセントです。つまり、日本人の場合、ほとんどの人が牛乳を消化できませんが、アメリカ人の場合、特に白人では、ほとんど牛乳を消化できるわけです。

そのアメリカで、牛乳が問題視されているわけですから、問題は、単に消化できるかできないかではないことがわかります。

牛乳が強い子を作る!!

はウソ?

「ミルクの飲み過ぎに要注意？骨を強くは神話」

牛乳やチーズ、ヨーグルトなどの乳製品は、カルシウムが含まれているとして、政府はその摂取を食事ガイドラインで勧めてきたが、これらの食品を多く摂取することが子供の健康を促進するかどうかは、はっきりしない。牛乳の摂取量を増やしても、骨粗鬆症は防ぎきれない。

そんな記事を読んで、驚かれた方は多いのでは？

牛乳はカルシウム摂取に役立たない

まず、カルシウムについて説明しましょう。

牛乳を勧める人の理由は、カルシウムがたくさん含まれていて、吸収率が良いということです。確かに、一リットルに、１２００ミリグラム含まれていて、母乳のおよそ３００ミリグラムより4倍も多いことになります。

しかし、母乳で育った赤ちゃんの方がより多くのカルシウムを吸収していることが知られています。つまり、栄養素として含まれている量ではなく、消化の過程が問題なわけです。

カルシウムの吸収が妨げられる原因は、牛乳には、カルシウムだけでなくリンが多く、母乳の6倍も含まれていることです。その結果、**リンは、腸管内でカルシウムと結合して、その吸収を妨げる**というわけです。

もちろん人によっては、カルシウムを急速に吸収するかもしれません。しかし、急速に吸収されたとしても、排泄されるだけだとも言われます。というのは、身体にはホメオスタシス（生体恒常性）といって、血液中のカルシウム濃度を、一定の範囲に保つ働きがあります。先に述べたように、低ければもちろん問題ですが、急激に高くなると、その濃度を一定の範囲に保つために、腎臓から急速に排出しようとします。このとき、余剰のカルシウムを排出するだけでなく、亜鉛やマグネシウム、鉄など他のミネラルも、さらにビタミンやアミノ酸も尿から排出してしまうわけです。

以上の2点が、牛乳のカルシウムはカルシウム摂取に役立たないと専門家たちが言う根拠です。事実、疫学的な調査でも、牛乳を飲む量が多い国ほど、骨粗鬆症が多いことがわかっています。

小魚や海藻、野菜、できるだけ精製されていない穀類を食べているだけで、カルシウムは十分に摂取できるし、骨粗鬆症の心配はないと専門家たちは説いているのです。

乳糖不耐症は病気ではない

牛乳は必ずしも摂る必要がないものだということがおわかりいただけたと思いますが、もっと積極的に、人間の食物として不適切なので摂るべきではないという専門家もいます。

牛乳は、およそ89パーセントの水分と、それぞれ3パーセントの脂肪とタンパク質、５パーセントの炭水化物、それにわずかの無機物から成り立っています。このうち、タンパク質はカゼイン、炭水化物は、乳糖を主としています。この２つが、健康に問題を起こすと指摘されているのです。

このうち乳糖については、日本人の85パーセントはそれを消化する酵素を持たないと先に述べました。いわゆる**乳糖不耐症**です。「症」と付くと、病気のようですが、乳糖不耐症は病気ではありません。１歳未満の赤ちゃんの頃には、ほとんどの人にこの消化酵素は備わっています。それが大人になるとなくなるのは、お乳を必要としなくなるわけですから、当然のことと言えます。

この消化酵素を十分持たない人が牛乳を飲むと、お腹が張ったり、腹痛を起こしたり、下痢をしたりという症状が現れます。

このような症状が出る場合、牛乳を飲むのを止めるべきなのですが、「牛乳は完全食品」と教え込まれているものですから、止めようとしない方も多いものです。

速読脳開発に成功したN君も、そんな一人でした。下痢をするのに慣れてしまっていて、便秘しなくていいというぐらいに考えているようです。

しかし、それではお腹に力が入りませんから、本気で集中することはできません。乳糖不耐症について理解し、牛乳を止めてから、彼の集中はグンと深くなりました。速読脳開発の陰に、乳糖不耐症の解消があったのでした。

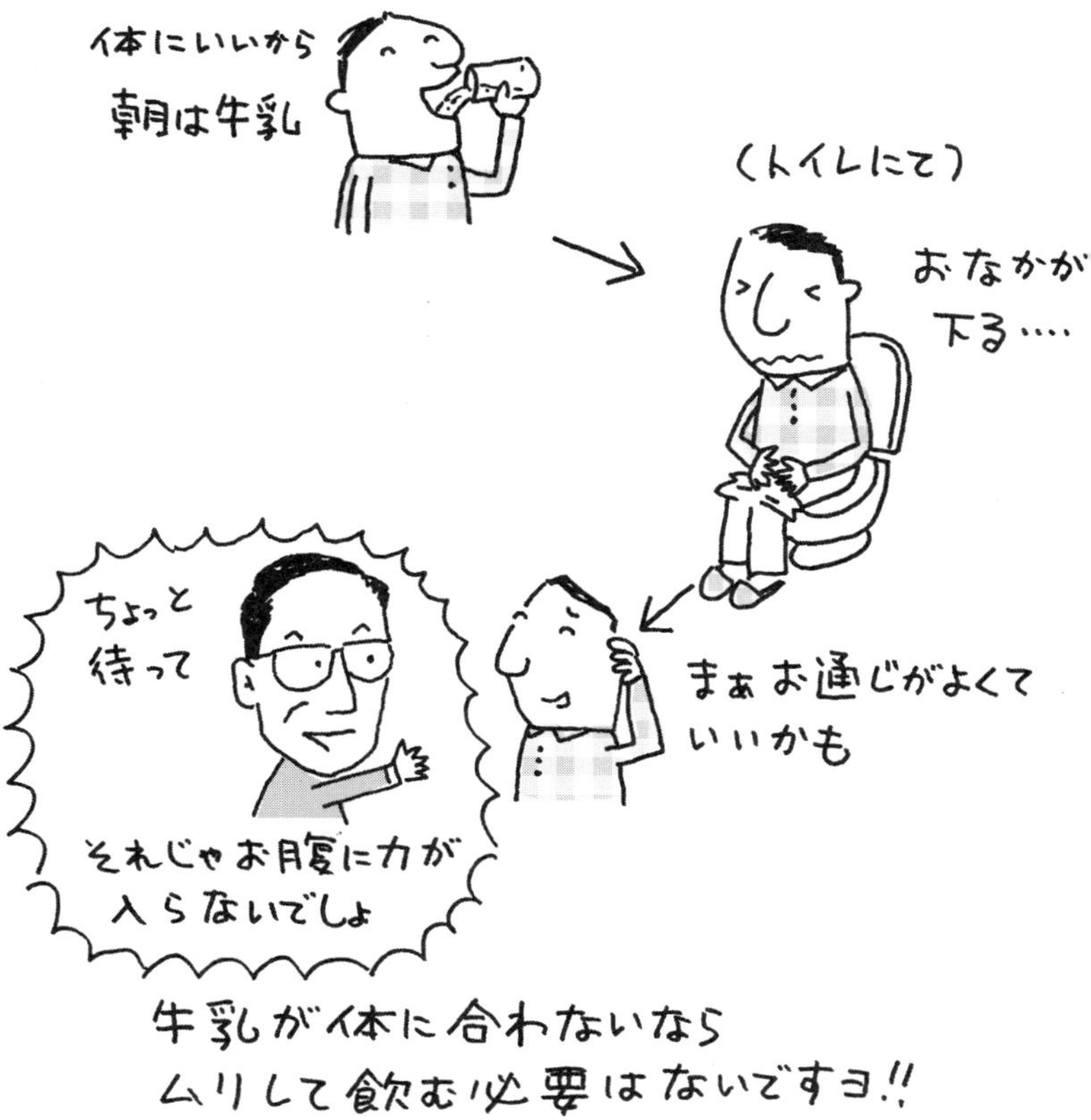
体にいいから
朝は牛乳
（トイレにて）
おなかが
下る……
まぁお通じがよくて
いいかも
ちょっと
待って
それじゃお腹に力が
入らないでしょ
牛乳が体に合わないなら
ムリして飲む必要はないですヨ!!

牛乳はアレルギーの元になる

次に、牛乳に含まれるタンパク質の問題について説明しましょう。

私が子供の頃、アレルギーと見られる湿疹が出たりすると、ただちに、牛乳を飲むのを止めるようにいわれたものです。

現代は、まさにアレルギーの時代。花粉症、ぜん息、アトピー性皮膚炎、潰瘍性大腸炎などのアレルギーがまん延しています。最近は、アレルゲン（アレルギーの原因物質）は他にもあるとして、必ずしも、牛乳を止めるようには言われないようですが、牛乳タンパクに対してアレルギーを起こす人は多いのです。

牛乳のタンパク質は、普通は、胃腸内で酵素の力でアミノ酸に分解され吸収されます。ところが、人によっては、アミノ酸になる前に、タンパク質としての性質を備えたまま、腸壁から吸収されて血液の中に入ってしまうことがあります。

これは、特に腸管が十分に発達していない幼い子供に起こりがちです。ですから、大人より子供にアレルギーが多いわけです。

牛乳のタンパク質は、そもそも牛の体を作るようにできているものですから、人間にとっては異種タンパクです。そのために、吸収してしまった牛乳タンパクに対して身体が拒否反応を起こすのが、牛乳アレルギーなのです。

いったん身体が牛乳でアレルギー体質になってしまうと、身体は、いろいろな物質をアレルゲンとして反応してしまいます。牛乳は思ってもみないようなさまざまな食品に入っていますから、牛乳を飲むことをちょっと止めただけでは、アレルギー体質は解消しませんし、いろいろなアレルゲンに対するアレルギー反応も改善されません。アレルギーが、まん延している背景には、このような状況があるようです。

最近のアメリカでは、研究者たちは牛乳や乳製品をむしろ摂らないように勧めているということですし、一部の医師は、アレルギーの治療を牛乳や乳製品の摂取を完全に止めさせることから始めて、成功しているとのことです。

乳というのは、そもそも生まれたばかりの赤ちゃんにのみ適した食物です。それを、大人になった動物が飲むというのは、身体に消化酵素がなくなることから見ても、きわめて不自然なことです。

ましてや、他の動物の乳を飲むというのは、人間以外のほ乳類の間では有り得ないことです。医学や栄養学の知識を借りるまでもなく、人間の大人が牛の乳を飲むことは自然の摂理に反していると考えることができます。

牛のお乳は、牛の赤ちゃんに返してあげたいものです。

第3章

例の方法

今すでに持っている読書能力を十二分に発揮しよう

●○●○●○●

読了のめやす＝約8分

POINT

読書能力には、2つの要素がある

「速読」は「速く読む」ことですから、読書能力がもとになっています。誰もが、読書能力を伸ばすために、義務教育の9年間は国語の授業を受けてきましたし、多くの皆さんは、さらに3年間、高校で現代文や古文を学んできたはずです。

しかし、この9年間の教育で、速読力が身についたと思っている方はほとんどいないのでないでしょうか。

いったい速読力と読書能力との関係はどうなっているのでしょうか?

読書能力には、大きく分けて2つの要素があります。

1つは、**「正確に理解する能力」**で、もう1つは、**「早く理解する能力」**です。

実は学校で学んできたのは、このうちの「正確に理解する能力」だったのです。

国語の授業では、この能力を養成するために、言葉や漢字を覚えること、指示語が何を指しているか考えること、著者が何を言いたいかをまとめてみるというようなトレーニングを行っていたわけです。

では、早く理解するについてはどうなっていたのでしょうか？

従来の考え方では、「正確に理解する」トレーニングを繰り返し、その能力を高めていけば、自ずと、「早く理解する」能力が向上してくると考えられていました。

言い換えると、たくさん本を読めば早く読めるようになるという考え方をしていたわけです。


あるとき、中学受験生を持つお母さんが相談にきました。入試問題の分量が多いのに、お子さんの読むのが遅く、全部の問題を読みきれないというわけです。

お母さんは、学校の先生に相談したそうです。

「早く読めるようになるにはどうしたらよいでしょうか？」

「本をたくさん読んでください」と先生は答えました。

「本をたくさん読むにはどうすればいいですか？」とお母さんはさらに聞きました。

すると「速く読むようにしてください」という答えが返ってきて、お母さんは二の句がつげなかったとのことでした。


笑い話のようですが、本当にあった話です。

従来の教育システムの中に「早く理解する」ためのトレーニングがないということを教える側がわかっていないために、このような珍問答になってしまうわけです。

このように早く理解するための教育システムがないにもかかわらず、入試や資格試験ではもちろんのこと、ビジネスの社会でも学究の社会でも「早くかつ正確に理解する」能力が要求されています。

「ゆっくり正確に」では、生産性が悪くて、現代という情報化社会で要求される効率を達成できないわけです。

従来の国語教育における考え方は、簡単にいえば「たくさん読めば早くなる」。

しかし実際は、必ずしもそうは言えません。

たとえば、私の教室にはいろいろな職業の方が受講にきますが、たくさん本を読んでいるはずの弁護士さんやお医者さんにも、遅い人は結構いるからです。

ただたくさん読めば早くなるとは限らないわけです。

この章では、早く理解できるようになるためのポイントについて解説しますが、その前に、「早く理解する」ことについて、もう少し考えてみることにします。

たくさん読め
速く読むにはどうすればいいでしょう
たくさん読もうとしてもままなりません
どうすればよいでしょう
早く読め

結局どうすりゃいいんだ、って
言いたくもなりますよね！？

POINT

早く理解するためには2つの方法がある

今私は「早く」と書きましたが、この場合「早く」は「短い時間で」という意味ですから、「早く読む」は「短い時間で内容を理解する」という意味になります。「早読み」つまり短時間で内容を理解するには、次の2つの方法があります。

（A）要領よくポイントだけを読む
（B）情報処理速度を速くする

（A）は、読む速度が限られているなかで、何とか短い時間で、書類の処理や読書を済まそうという場合、**読む活字の量を少なくして、要領よく内容を把握する**という対応の仕方です。テクニックを駆使した読み方と言えます。

いわゆる**拾い読み**、**部分読み**などがこれに分類されます。この場合、脳の情報処理速度には変化はありません。

すでにたくさん読書してきていて、情報をたくさん持っている方は、このようなテクニックをすでに使っているものです。小説には使えないにしても、上達すれば、このような読み方で済ますことができる書類も多いので、処理力を向上させることができます。

（B）は、短い時間で書類を処理したり、本を読んだりするために、**純粋に、読む速度を速くする**という対応の仕方です。それは、脳の情報処理速度をアップするということです。

つまり、すべての文字を順に飛ばさずに読んでいく場合、たとえば半分の時間で早読みしようとするなら、読書速度を2倍にするという対処の仕方です。10分の一の時間で済ませたかったら、10倍の速度で読むことになります。

これは、それぞれ2倍、10倍の脳の情報処理速度を獲得するということですから、自分の能力を変えることにほかなりません。その意味では、読み方というより、潜在能力を開発して情報処理速度を変えるということです。

従来、教育システムに早読みという概念がなかったぐらいですから、一般的に早読みの方法としては、前述の（A）の方法しかなかったわけです。

そのため、「速読」という言葉は本来（B）の意味のはずですが、はっきりした定義のないまま、（A）の意味にも、（B）の意味にも使われているわけです。したがって、厳密には、異なる内容を持つ2つの方法が、同じ「速読」という言葉で曖昧に使われているわけです。

私が教室で指導している「速読脳」を開発するトレーニングは、この（B）に該当する潜在能力の開発です。

したがって、「速読脳」を開発した場合、読書力が飛躍的に伸びるだけでなく、集中力や記憶力、直観力など、いわゆる学習基礎力を大きく向上させることになります。

さらにいえば、集中力や記憶力などの能力が大きく向上しなければ、「速読脳」の開発には至らないということです。

ですから「速読脳」が開発されると、単に読書だけでなく、遊びやスポーツ、学習など、さまざまな面で大きな変化が現れることになります。

早く読む要領やテクニックについては、第5章で説明することとし、この章では、まず、速読脳の基礎である正確に理解する力と、速く読む力を養うためのポイントについて、お話しすることにします。

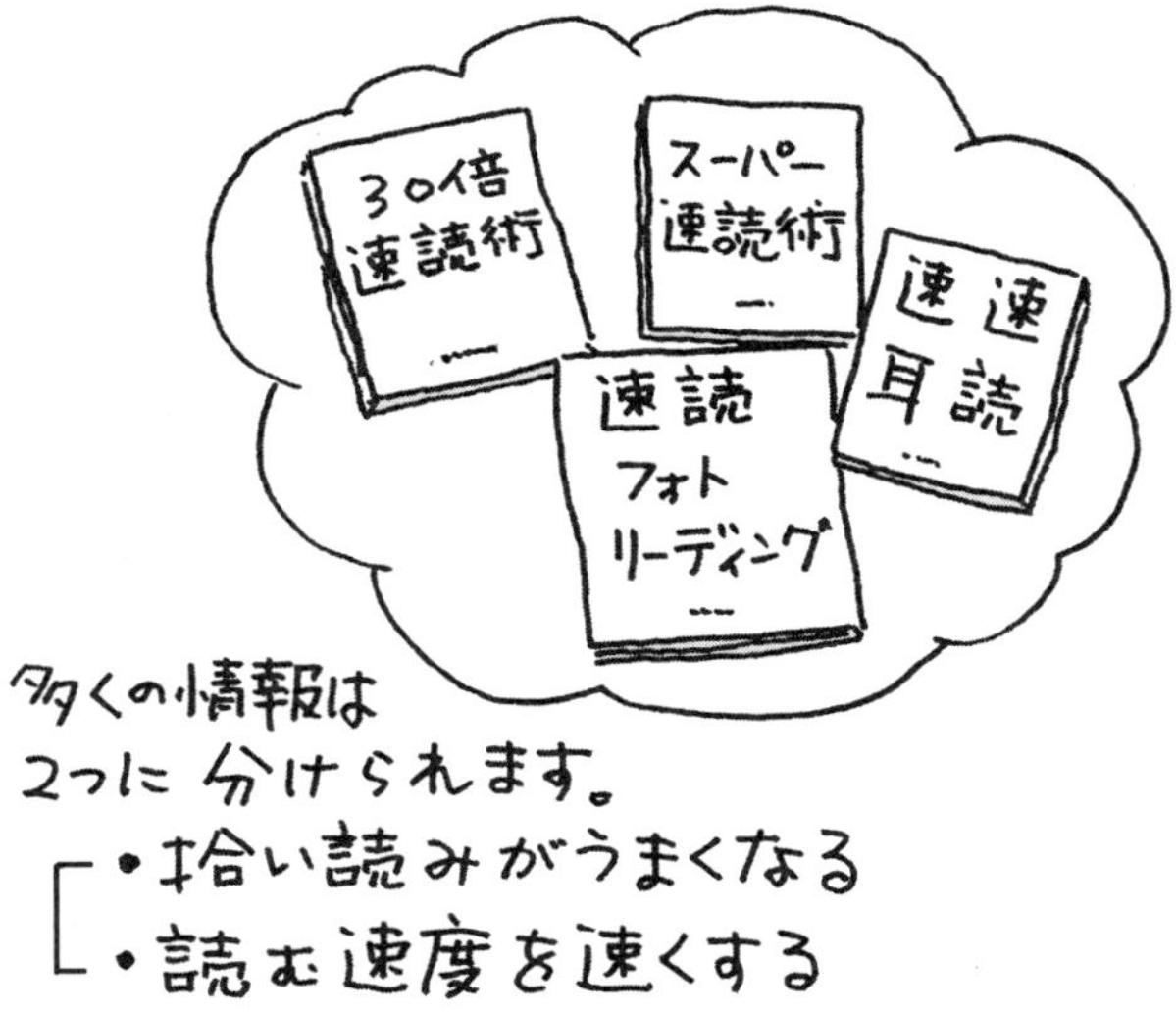
30倍
速読術
スーパー
速読術
速読
フォト
リーディング
速 速
耳 読
多くの情報は
2つに分けられます。
・拾い読みがうまくなる
・読む速度を速くする

「読む要領の良さ」を身につけることは、言うまでもなく、たくさんの本や書類を読み込んで初めて可能になります。
たくさん読むためには、「速読脳」の開発までいかなくても、ある程度は「速く読む力」を向上させ、その力を使えるようになることが必要です。
速く読む力が、要領よく早く読む力に発展するわけです。

早読み・速読のもとは、正確に理解する力だ

読書力には、正確に理解する力と早く理解する力があることはすでに述べました。では、この2つのうち、どちらの力を先に伸ばすべきかというと、それは、**正確に理解する力**です。

つまり正確に理解する力を基礎として、早く読む力を伸ばしていけるわけです。

速読法を習得したいと訪ねてくる方のなかには、速読を読書とは別のもののように考えている方がたまにいます。速読法を身につけると、知らない言葉でも理解できるとか、学んだことのない専門分野の本でもよく知っている分野と同じように読めるとか、まるで魔法のように考えているわけです。

もちろんそんなことは、あるはずがありません。

当然、知らない言葉があれば、それは理解できませんから辞書を引くか、飛ばすかを決めて対処することになります。知らない分野の本は、新たに概念の世界を構築しなければなりませんから、知っている分野の本より時間がかかります。

読書として考えれば当たり前のことです。

通常の読書でも速読でも、言葉や知識に慣れ親しんでいればいるほど速く読むことができるのです。

センセイの
本読んだけど
わかりませんでした
ハハハハハ……
難しい
本読むの
苦手なん
すヨ

2004年の7月、日本認知科学会という学会で、速読脳を開発した人の読書中の脳の使い方および視覚認知力の変化について発表したとき、ある大学の先生から、早く読むことより内容を深く考えることの方が大事なのではないかというコメントをいただきました。
大学生の学力の低下が叫ばれて久しいですが、おそらく大学のゼミなどの教育の現場では、早く読む力よりも正確に理解する力の方が、今切実に求められている、という叫びだったように聞こえました。

速読脳を開発したとしても、それは読書能力を高めただけですから、読解力の基礎である語彙《ごい》力や知識力は、速読脳の基礎でもあるわけです。

読書心理学の本をひもとくと、読解力の基礎としていろいろな能力があげられています。それを参考にして私なりにまとめると、次のようになります。

①語彙力

たくさんの言葉や漢字を知っていると、文章のなかで使われている意味や読みを的確につかめます。

②知識力

たくさんの知識を持っていると、読んだ内容をより的確に理解できることになります。

③経験・体験力

いろいろなことを体験・経験していると、より深く味わうことができ、共感できることになります。

④論理的思考力

文意にそって深く思考することで、文章の言わんとするところや作者の意図をより深くかつ正確に理解できることになります。また文章の論理的構造を把握するためにも必要な力です。

⑤想像・推理力

内容が自分の知識や経験の範疇《はんちゅう》になく、論理的にも思考を展開できないときには、想像力や推理力を働かせて自分なりに理解したり、想像したイメージの世界を楽しむことになります。

⑥記憶力

言葉や知識、概念などを記憶していることで自在に駆使できるだけでなく、読みながら内容を記憶に留めていくことで、文章の構成をつかむことができ、また次に展開される文章の理解がより容易になります。

⑦統合力

文章あるいは本全体を読み終えて、それらの中で展開された個々の内容を統合し、作者の意図、背景として流れている思想、全体から見えてくる結論、次に予想される展開などを把握する力です。

以上の7項目が、一般的に読解力に、つまり「正確に理解する能力」に、必要とされる能力です。すなわち、早読み・速読力はこれらを土台として、発展した能力であるわけです。

読解力は「速読脳」の基礎

ここまで読んできて、語彙力から統合力までの７つの能力を人並み以上に身につけないと、速読脳は開発できないのかと心配になった方もいるのではないかと思います。

そういうことではありません。

小学校高学年ぐらいになるまでに、ほとんどの方はそれなりの読書力を身につけ、抽象的な思考ができるほどに能力を発達させています。

ですから、これら７つの能力はすでにかなりの段階まで発達しているわけです。

それは速読脳を開発するのに十分な段階です。

ただ言えることは、ゆっくり読もうが速く読もうが、読んで理解できる本は、先の７つの能力のレベルに対応したものになるということです。

たとえば、もし語彙や知識が少ないために簡単な本しか読むことができないということであれば、語彙や知識が増えたときに、もっと難しい本を読んで理解できるようになります。読解力が発達するにしたがって、より高度の本をより楽に読めるようになるわけです。

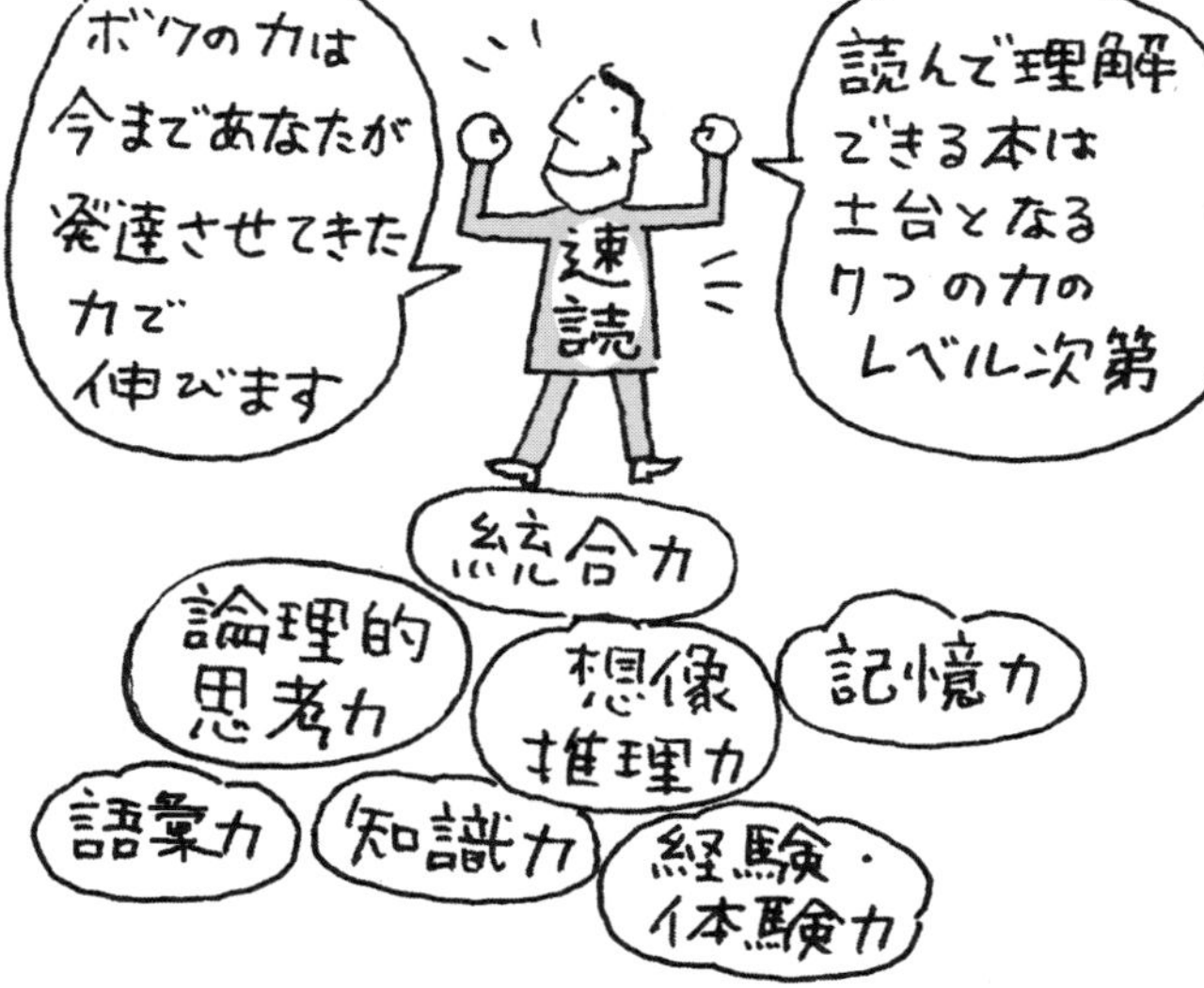

ボクの力は今まであなたが発達させてきた力で伸びます
読んで理解できる本は土台となる7つの力のレベル次第
速読
総合力
論理的思考力
想像推理力
記憶力
語彙力
知識力
経験・体験力

7つの能力を伸ばして
総合的に速読の基礎力を固めましょう！

POINT

読解力を身につける5つのポイント

では、この7つの読解力の要素をどのようにして発達させていけばいいのでしょうか。

それには、次の5つのポイントがあります。

①本をたくさん読むこと
②いろいろなことを体験すること
③他の人の話を丁寧に聞くこと
④落ち着きを養うこと
⑤集中力を養うこと

順に説明していきましょう。

① 本をたくさん読むこと

＊感動できる本で読書習慣を身につけよう

最近はあまり見かけませんが、以前はときどき、教室に入会された方のなかに、本を読まずに速読脳をマスターしようという方がいました。

速読脳は読書能力の発達したものですから、それは無理というものです。読解力を向上させ、やがて速読力に発展させるためには、まず読むことから始めなくてはならないのです。

ここで、**「本をたくさん読む」と決意してほしい**と思います。

特に今まで読書量が少ないと思っている方は、ぜひ決意してください。

読書する習慣を付けることがまず大切なのです。

しかし、今まで読書の習慣がなかったとすると、急に読書しようと思っても、どこから手を付けていいのかわからないと思います。

読書を勧めている多くの本は、「古典を読め、良書を読め」と勧めています。が、最初から古典を読む力があるなら、読書の悩みなどないはず。良書を読めと言われても、読む前に良書であるかどうかの見当は付きにくいでしょう。

私は、**「これは、面白い!」と感動できる本から始める**ことをお勧めしています。

友達に、最近あるいは今まで読んだ本の中で面白かった本を聞いてみてください。聞くことができたら、その本から読み始めてみてください。

独力で探さなくてはならない場合には、本屋か古本屋、または図書館に足を運んでください。もちろん、新聞や週刊誌に載っている書評、ビジネスマンに薦める○○冊などから選んでもよいでしょう。

いずれにせよ、途中まで読んで内容が面白くなかったら、あるいは読む価値がないと思ったら、そこで中断して結構。次の本を探してください。しかし、ただ根気が続かないというのなら、焦ることはないのですから、ゆっくり時間をかけて最後まで読み切りましょう。**読み切ったという満足感をぜひ味わってください。**

1冊を読み切ったら、次の本を探しましょう。

1冊目の本が面白かったら、同じ著者の本から、あるいは、同じ分野つまり歴史物とか推理小説とかから選んで読んでみると、もう一度「面白い!」と感動できる確率が高くなります。このようにして次から次と読み進めていきましょう。

あなたに似合う本を探すコツ

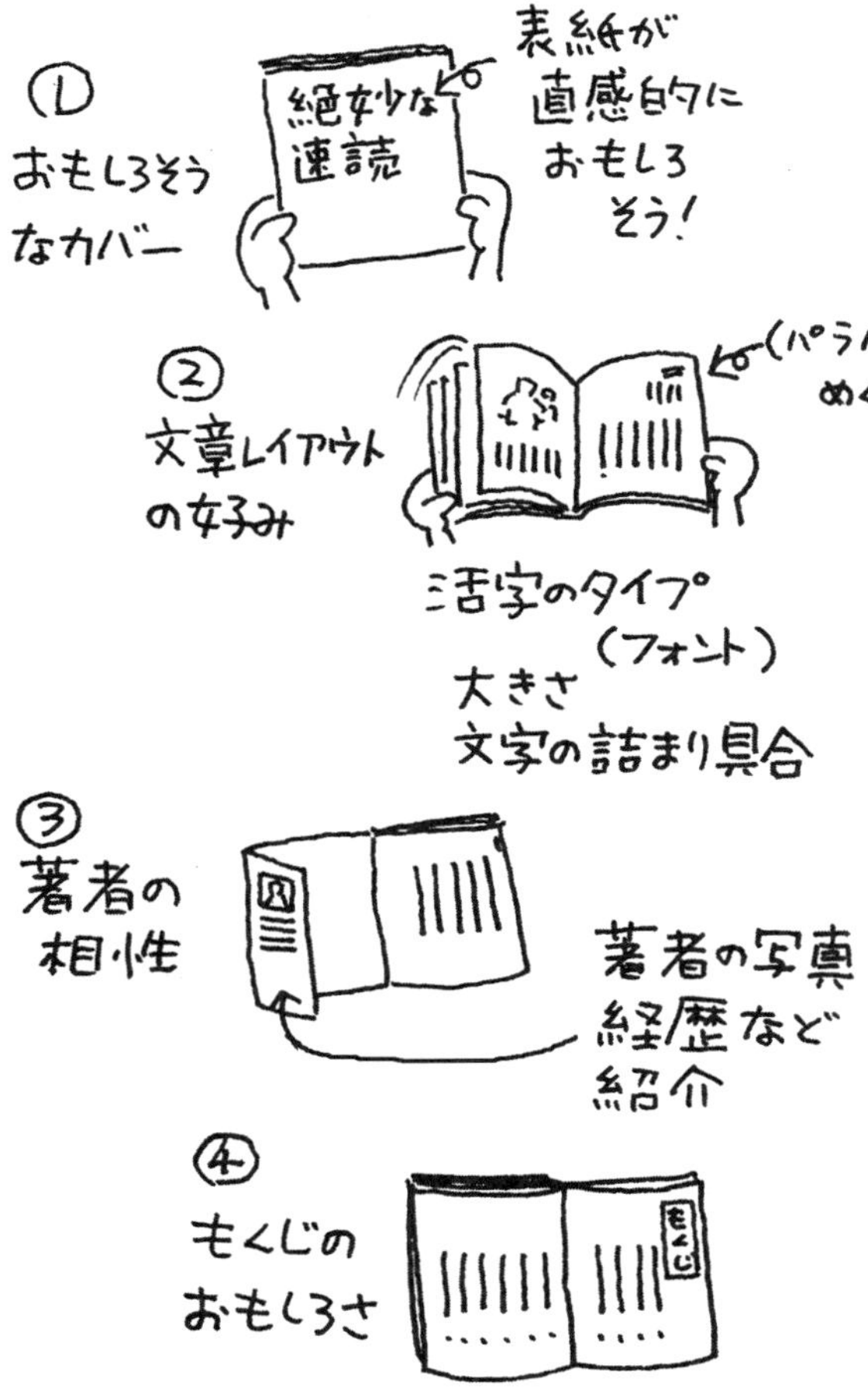
①
おもしろそう
なカバー
絶妙な
速読
表紙が
直感的に
おもしろ
そう!
②
文章レイアウト
の好み
(パラパラ
めくる)
活字のタイプ
(フォント)
大きさ
文字の詰まり具合
③
著者の
相性
著者の写真
経歴など
紹介
④
もくじの
おもしろさ
もくじ

＊読書記録をつけよう

もう1つお勧めしたいのは、読書の記録を付けることです。

読み終えた**日付、本のタイトル、著者、出版社だけ**で、いいのです。

初めから、感想まで付記するような立派な読書記録を付けようとすると、かえって続かないもの。内容や感想は、書いておきたくなったときに、書けばいいのです。それは、感動が大きかった証拠でもありますし、1行でも書いておくと、後で振り返ったときによい記念になります。

読書記録を付ける一番の目的は、**達成感を味わうため**。

簡単なメモ程度でもいいですから、継続して記録したいものです。

読み始めた日付と読み終えた日付を記録していくと、**自分の読書力の成長の記録にもなります**。達成感、満足感は、自分を鼓舞してくれます。それが読書を継続させ、本を読む習慣につながります。

すでに本を読む習慣を持っている人は、一定の期間に何冊読むという目標を立てて、その目標に挑戦することをお勧めします。私の教室の受講生は、どうしても時間がないときは、子供向けの本でも読んだりしていました。それでも一冊は一冊ですから、とにかく目標を達成して、達成の喜びを味わうことが大切です。

No.	読了日	タイトル	著者	出版社	一言
1	05 1.2	伝統食の復権	島田彰夫	東洋経済	日本食って、スゴイ!
2	1.10	砂糖は心も体も狂わせる	高尾利数	ペガサス	白砂糖はもうやめた!
3	1.15	仕事が劇的に変わるメール術	平野友朗	ビジネス社	メールのツボがわかった
4	1.25	風の歌を聴け	村上春樹	講談社	やっぱり村上春樹は…
5	1.30	速読の科学	佐々木豊文	光文社	速読これからマスターしよ…
6	2.3	怪獣の名はなぜガギグゲゴなのか	黒川伊保子	新潮新書	「クオリア」は大事だ
7	2.8	読書力	齋藤孝	岩波	やっぱり読書は大事
8	2.11	鬼平犯科帳(2)	池波正太郎	文春	時代劇もなかなか…
9	2.14	脳を鍛える記憶術	友寄英哲	主婦の友…	
10	2.19	キレイな息のつくり方			

No.	月日	書名	著者	ページ	読書速度
1.	4.4	隠し剣秋風抄	藤沢周平	p.9〜p.52	44p./50分
	4.5	〃	〃	53〜95	43p./46分
	4.6	〃	〃	96〜141	46p./50分
	4.7	〃	〃	142〜191	50p./50分
	4.8	〃	〃	192〜244	53p./50分
	4.9	〃	〃	245〜333	89p./80分
2.	4.11	回天の門	〃	p.9〜p.50	42p./45分
	4.12	〃	〃	p.51〜p.98	48p./50分
	4.13	〃	〃	p.99〜p148	50p./50分
	4.14	〃	〃	p.149〜197	49…/50分

ビジネスマンなら、司馬遼太郎の長編をいくつか決めて読み切るとか、山岡壮八の「徳川家康」を読み切るとか、「三国志」を読み切るとか、自分のペースを守りながら挑戦している方も多いものです。このようなシリーズを読み切ることができたとき、もう読書にかなりの自信を持てているはず。ぜひ挑戦してみてください。

② いろいろなことを体験すること

いろいろ体験することが読解力と関係するとは、ピンと来ないかもしれません。しかし、理解する力は体験をもとにしています。**体験した記憶をもとに、知らない世界を想像して理解するし、また体験して初めて理解できることもある**のです。もちろん体験したくない、あるいはすべきでないこともたくさんありますから、体験するといっても限度はあります。

しかし、特に子供のときに、身をもって体験したいろいろなことが、後々の豊かな読解力の基礎になります。ですから、幼児期には、日常の些細なことも含めて、いろいろな体験をさせてあげることが大切です。

理解には体験的理解のほかに、論理的理解があります。論理的理解というのは、いろいろな知識をもとに、抽象的な概念を論理的に展開していって納得する理解の仕方です。簡単にいってしまえば、学問の世界での理解の仕方です。

しかし、成長の過程から見て、論理的理解力は、体験的理解力をもとに発達してきます。論理的理解が体験的理解から離れてしまうと、いわゆる机上の学問となり、現実と合わないことにもなりかねません。

まず、豊かな体験で、体験的理解力をしっかり身につけたいものです。

たとえば、ディズニーランドの話を聞いても、興味を示さなかった人が、一度行ったら、文字通りはまってしまい、何度も行くようになったという話を聞いたことがあります。体験して始めて、ディズニーランドの楽しさを理解したわけです。

③ 他の人の話を丁寧に聞くこと

子供の発達を観察すると、周囲の人と会話ができるようになり、その上で文字を覚えたとき、絵本を読むことができるようになります。

読んで理解する能力は、聞いて理解する能力をもとに発達しています。ですから、読書の最初は、声に出して読んで、自らその声を聞いて理解する音読から始まるわけです。

大人は黙読をしているわけですが、黙読は、声を出すのを心の中でやっているだけですから、自分の声を聞いて理解している点は、音読の場合と同じです。

今ほとんどの読者のみなさんは、この黙読つまり心の中で文字を音声化し、自ら聞いて理解する読み方をしているはずです。

ですから、**聞く能力を向上させることは、そのまま読解力の向上につながります**。

将来「速読脳」を開発して音声化をしない読み方ができるようになるとしても、その能力は、音声化をして理解する能力を基盤として発達しますから、聞く能力の大切さは変わりません。

ここで、しっかり聞くと言っているのは、講演会などでのことを指しているわけではありません。講演をしっかり聞くことは、もちろん良いトレーニングになりますが、それより大切なのは、日常の会話です。

会話をしていて、相手からトンチンカンな応えが返ってきたり、自分の言ったことをきちんと理解していない返事が返ってきたりした経験はほとんどの方が持っていると思います。それだけ、きちんと聞いていないことは多いものです。

しっかり聞いてより正確に理解するために、次の5つのポイントを押さえておいてください。

①その場の雰囲気、状況をつかんでおくこと
②話し手との関係を理解しておくこと
③話し手の声に集中すること
④わだかまりのない気持ちで聞くこと
⑤話し手の気持ちや意図を察すること

もちろん、これらのポイントに注意して聞くためには、落ち着いていなければなりません。ですから、しっかり聞くことは、次に述べる集中力や落ち着きを養うトレーニングにもなっているのです。

また、すでに述べたように、言語処理をする脳の部分は左脳にあります。ブローカ野とウェルニッケ野と呼ばれる部位がそれで、なかでも、ウェルニッケ野が音韻処理や意味理解に関係しているとされています（58・59ページ）。

しかし、故品川嘉也先生は、**「本当の理解とは、イメージできることだ」**とよく言っておりました。

つまり、本当に理解したというときには、左脳だけでなくイメージ脳と言われる右脳も使っているわけです。

ここで上げた聞き方の5つのポイントのうち、特に①と⑤は、右脳の機能です。しっかり聞くことは、左脳だけでなく右脳も使うことであり、それが読書においては、行間を読む能力に発達していくのです。

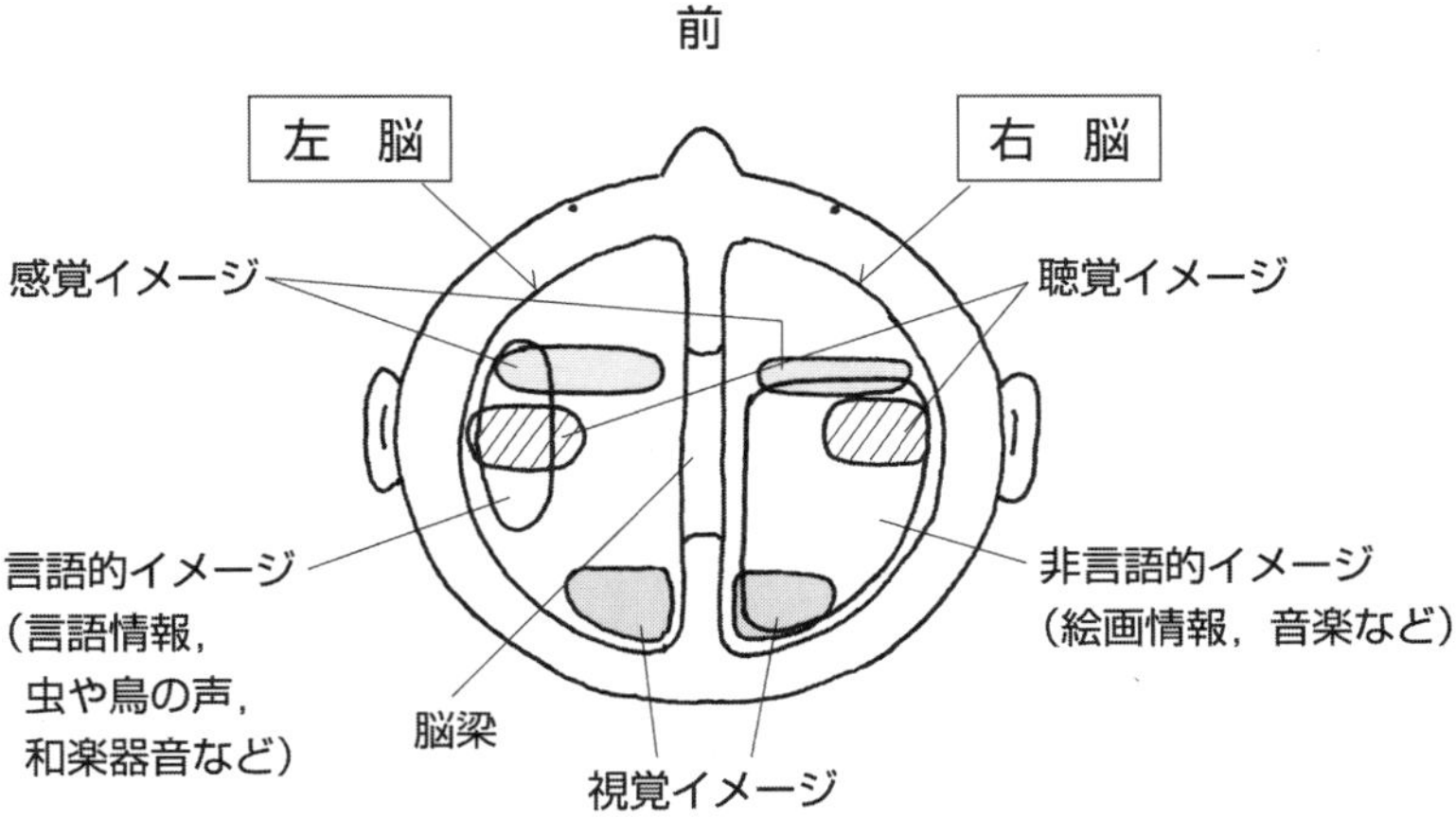
前
左 脳
右 脳
感覚イメージ
聴覚イメージ
言語的イメージ
（言語情報，
虫や鳥の声，
和楽器音など）
非言語的イメージ
（絵画情報，音楽など）
脳梁
視覚イメージ

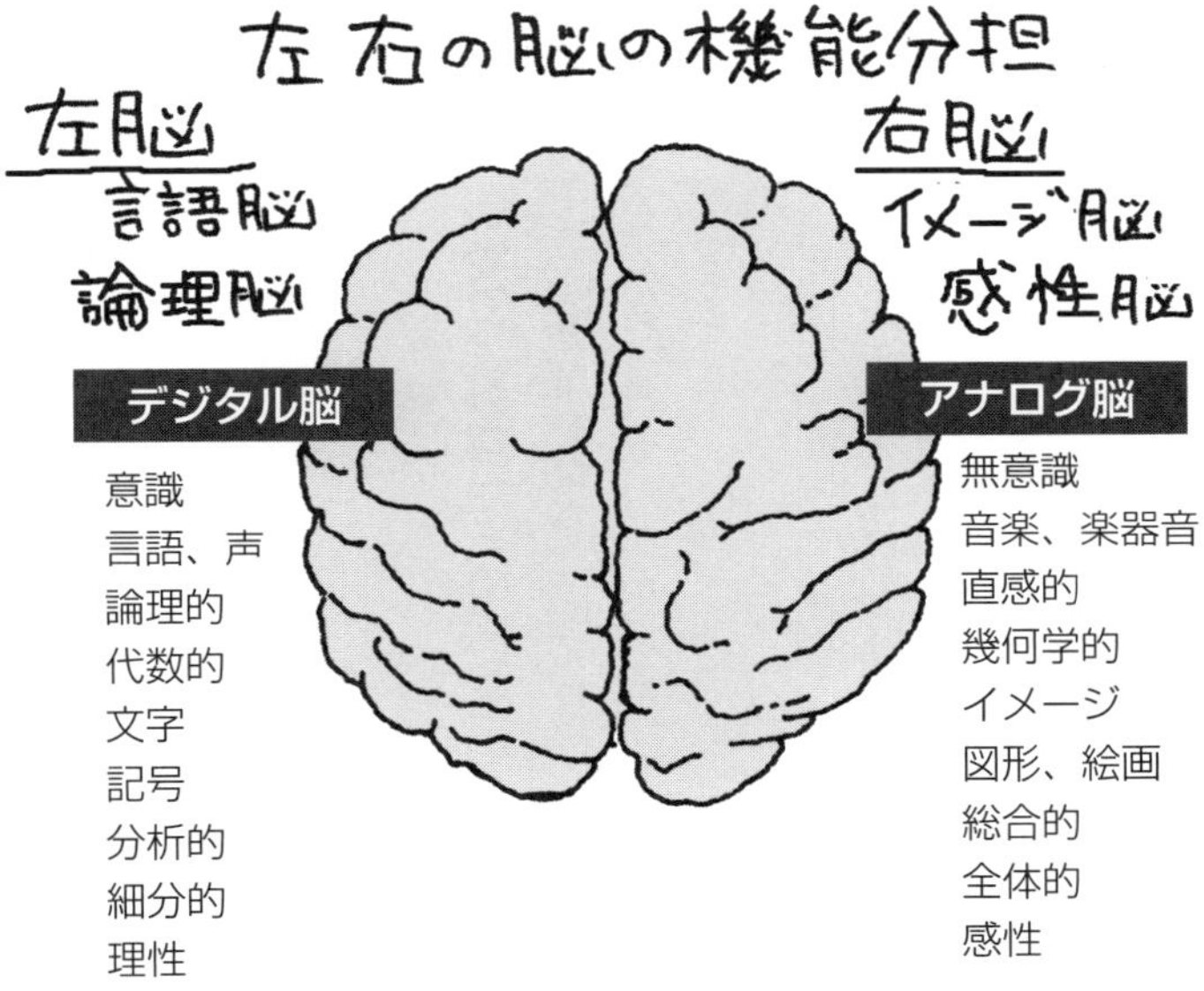
左右の脳の機能分担
左脳
言語脳
論理脳
右脳
イメージ脳
感性脳
デジタル脳
意識
言語、声
論理的
代数的
文字
記号
分析的
細分的
理性
アナログ脳
無意識
音楽、楽器音
直感的
幾何学的
イメージ
図形、絵画
総合的
全体的
感性

落ち着きを養うこと

あわただしい生活をしていると、落ち着きといわれても、ピンとこないかも知れません。なかには、ボーッとしている状態が落ち着いている状態だと思っている方もいます。

しかし、そうではありません。

落ち着いている状態というのは、**意識は明晰で、外部からの刺激や気持ちの変化に応じて、速やかにセルフコントロールできる意識状態**のことです。

外部からの刺激には冷静に対応することができ、自分のなかに変化があればそれに気付くことができる心静かな状態とも言えます。

なぜこのような意識状態が読書に必要なのかといいますと、読書という行為は、精神的な活動を主とするからです。

つまりスポーツの場合、肉体の活動を主にしていると言えるわけですが、それは、ほかの選手やボールの動きが五感を通して脳にインプットされると、脳がその情報を処理して、どうすべきかを筋肉の動きとしてアウトプットします。

読書の場合は、文字を五感（眼）を通してインプットして、脳がその文字情報を処理するところまではスポーツと同じですが、アウトプットが違っています。**読書の場合のアウトプットは理解すること、すなわち概念やイメージを構築すること**です。ですから読書では、アウトプットもまた、脳のなかの活動になっているわけです。

脳のなかの活動は、大変精妙ですから、ちょっと別のことを考えただけで、読書という行為はすぐに止まってしまいます。が、肉体運動は、慣れたものであれば、考えながらでも遂行することができます。

理解するというのは、精神活動のなかでも最も高次の機能で、その下位に、記憶と照合して文字として認知する機能から始まって、言葉を理解する機能、文法、そしてニュアンスを理解する機能、情報を統合する機能など、理解したイメージができ上がるまでの、さまざまな機能が、階層的に働いているわけです。

これらの下位で働いている機能は、潜在意識レベルで働いている機能です。

それぞれの下位の機能における結果は顕在意識レベルで、意識的に確認できますが、実際の機能は、潜在意識レベルで無意識的に行われています。

この潜在意識レベルで無意識的に行われている精神活動を効率よく働かせるために、落ち着きが大切なわけです。

＊落ち着かない原因を見極める

私たちの行動はすべて、顕在意識と潜在意識との共同作業で行われています。落ち着くことが必要だとわかれば、誰でも顕在意識では落ち着こうとします。しかし実際には、なかなか思うように落ち着くことができません。

それは、潜在意識が落ち着く態勢にないからです。

潜在意識には、思い出せる出せないに関わらず、今まで見たもの、聞いたものから自分の発した思いや感情まで、あらゆる記憶がしまわれていると言われます。そこには、自分を励まし元気づけてくれるようなものもあれば、逆に、自分を悲しい気分にさせたり、イライラさせたりして行動力をそぐような記憶もしまわれているわけです。

それらの記憶が全部一緒になったブラックボックスが潜在意識で、そのトータルな思いが、私たちの考え方や判断、行動を左右しているのです。

たとえば潜在意識の中に、「いつも他の人と比較する」「完全でないと気が済まない」「自分が中心でないと気が済まない」「周囲の人が信じられない」などの思考癖を持っていると、何かにつけて緊張することになります。

＊食を正すと、落ち着きが増す

漢方で使われる生薬に、竜骨《りゅうこつ》、竜歯《りゅうし》、牡蠣《ぼれい》があります。これらは、興奮状態を静めたり、イライラを解消したり、精神的に不安定な状態を解消するのに用いられます。竜骨、竜歯はマンモスなど大型脊椎動物の骨や歯の化石で、牡蠣は海で捕れる牡蠣《かき》の殻のこと。いずれもカルシウムを主成分とした生薬です。

このようにカルシウム主剤は、昔から精神を安定させる働きを持つものとして知られていました（2章参照）。

もっと落ち着きがほしい、精神の安定が不足している、自分をもっとコントロールする力を付けたいと思う方は、是非、すでに述べた解説を参考にして、食生活を振り返ってみてください。

もう１つ付け加えておきましょう。数年前、「日本人が頭が良いのは、魚を食べるからだ」と話題になったことがあります。魚の油に含まれているＤＨＡ（ドコサヘキサエン酸）という脂肪酸が脳の働きを良くするというわけです。実際、日本でも海外でも多くの実験が行われ、ＤＨＡや同じ魚に含まれるＥＰＡ（エイコサペンタエン酸）は、うつ病や躁病のほか、いらだち、攻撃性、ストレス疲労などを改善し、集中力を増すことが立証されています。

いわし、すじこ、まぐろ脂身（トロ）、さば、うなぎ、にしん、さんまなど、私たちが身近に食べ親しんできた魚に、ＤＨＡとＥＰＡは多く含まれていますが、白身の魚には少ないそうです。これらはまた、しそ油、緑黄野菜、豆類、海藻類に含まれるアルファ・リノレン酸からの代謝物質としても作られるものです。

栄養素の全体的バランスを大事にして、偏らない食事を心掛けたいところです。どうしても魚が苦手の方は、サプリメントでとる方法もありますから、工夫して摂取することをお勧めします。

このような思考癖は、小さいときからの家庭環境、しつけ、教育など、周囲とのやり取りの中から学んで身につけているわけです。

しかし、緊張するクセは、本来の能力を発揮する上でも、健康の上でも、ためにならないことはよくわかっているはずです。

能力の開発というのは、新しい自分を作ることですから、過去から引きずってきているクセに気づいたら、未来に向けて、早く修正しておきたいところです。

緊張しがちという方は、日常生活の中で自分の意識の中にがどのような思いがあって緊張することになっているのかを、ぜひ観察してみましょう。


とかく人というものは、欲望に基づいて行動するものです。

欲望が満たされなければ心に波が立ち、それが潜在意識に蓄えられていくことになります。それを繰り返していては、いつまでも、意識の安定は得られないことになります。

古人の教えるところを参考にして、「**感謝を多くして、欲は少なく**」する方向で、精神の安定を図りましょう。

＊腹式呼吸で落ち着いた自分を作る

腹式呼吸が健康に良いという話は、どこかで聞いたことがあると思います。

確かに、興奮しているときは、呼吸は浅く胸式呼吸をしていて、逆にゆったりと落ち着いているときには、呼吸は深く腹式呼吸になっています。

胸式呼吸だと、横隔膜の動きが小さいため気管や食道の伸縮も小さく、肝臓や胃より下にある内臓や消化器官もあまり動きません。動かないと、血液の循環がスムースに行きませんから、健康上も本来の力を出し切れなくなります。

呼吸を深くすることで、酸素の摂取量が多くなるわけですが、東洋医学では、食べることで生命の元になっている気を摂取し、呼吸でも直接体内に気を取り入れると考えています。ですから、東洋医学的に見ても、呼吸を深く長いものにすることは、生命力を強化するためにとても重要な意味を持つことになります。

成人の肺活量はおよそ男性で４０００ｃｃ、女性で３０００ｃｃほどで、１回の呼吸による換気量は５００ｃｃ程度と言われています。私たちは、一日24時間まったく休むことなく呼吸を繰り返していますから、その呼吸をちょっと深くして、換気量を50ｃｃでも多くすることができれば、生命力は大いに増強されることになります。**普段から、できるだけ深く長い呼吸を心掛けていきましょう。**

＊呼吸を深く長くするトレーニング

呼吸を深く長くするには、心と体の両面からアプローチする必要があります。体験的にわかるように、気持ちが落ち着いているときには、興奮したり緊張したりしているときよりも呼吸は深くなります。気持ちを落ち着けることの大切さについては、すでに説明しましたが、それは、呼吸を深くする意味でも重要なわけです。ゆったりとした気持ちで落ち着いているときは、肩の力が抜けて下がり、自然に腹式呼吸になるからです。

呼吸を直接司っているのは、横隔膜ですが、腹式呼吸では、お腹が膨らみますから、腹直筋など、お腹の筋肉の柔軟性も重要です。お腹の筋肉が固いと、そのために腹式呼吸が困難になってしまうほどです。

したがって、身体からのアプローチには、二種類あります。

直接吐く息や吸う息を意識的に操作するトレーニングと、腹部や胸部を中心に身体の柔軟性を養うトレーニングです。

ここでは、当教室のヨーガ講座でも行っているヨーガ行法の中から、呼吸を深くするのに役立つ完全呼吸法と腹部の柔軟性はもちろんのこと背骨を柔軟にして全身状態を改善してくれる太陽礼拝というトレーニングを紹介します。

お坊さんは毎日勤行《ごんぎょう》をするわけですが、お経を読んでいるときには呼吸が長くなっています。座禅をしているときも、呼吸は長くなります。その結果、単に落ち着いているだけでなく、頭脳が明晰で、平均寿命が普通の人よりも長いのです。

⑥そのままさらに胸を前に突き出す感じで胸部を拡げながら、息を吸い込み続けます。

⑦胸部が拡がったら、続けて肩を上げながらもう少し吸い込みます。

⑧吸い込み終わったら、自然に 2 ～ 3 秒ぐらい息を止めます。

⑨腹部を引っ込めながら息を吐いていきます。

⑩次に、胸を元に戻しながら息を吐いていき、続けて肩を下げながら息を吐きます。

⑪腹部、胸部、肩が普通の状態に戻ったら、②につなげて、⑩までを 5 回繰り返します。これを一日に一回はやってみましょう。

a）完全呼吸法

①床に座るか、椅子に座ります。
いずれの場合もできるだけ腰を立てるようにします。

床に座る場合は、お尻の下に二つ折りにした座布団などを敷くと、楽に腰をたてることができます。

②まず、ゆっくりと息を吐いていくと自然に腹部が引っ込みはじめます。

③そのままさらに腹部を引っ込ませながら吐いていきます。

④吐き終わったら、瞬間的に腹部の力を緩めます。

⑤次にゆっくりと息を吸っていき、腹部が膨らむくらいまで吸い込みます。

※参考書:成瀬雅春著「仕事力を１０倍高める呼吸法トレーニング」（PHP研究所）

⑦上体を前に伸ばしながら、両足先を寝かせて足の甲を床につけ、息を吸いながら腕を伸ばして、のども伸ばして身体を反らせます。

⑧両足先を立ててから、腰を持ち上げ、息を吐きながら背すじを伸ばし、かかとを床に近づけます。

⑨右足を前に出し両手の間について、息を吸いながら腰を前に出し上体を反らせてのどを伸ばし、後ろを見るようにします。

⑩両手を右足の両側の床につけ、左足を右足にそろえてヒザを伸ばし、息を吐きながら顔と上体を両足に近づけます。

⑪息を吸いながら上体を起こしてきて、両手を前から上に上げて、身体を反らせます。

⑫息を吐きながら元の合掌へ戻します。

⑬呼吸を整えてから、後ろへ引く足と前に出す足を替えて、①～⑫をおこないます。

⑭余裕があれば、さらに1回（①～⑫）か2回（①～⑬）繰り返して、最後に仰向けになり、ムリタ・アーサナで十分に休みます。

※ムリタ・アーサナとは、仰向けに寝て、目を閉じ、掌を上に向けてリラックスしたポーズのことです。

（b）太陽礼拝

①両足をそろえて立ち、胸の前で合掌して呼吸を整えます。

②てのひらを下にして両手を前に伸ばし、息を吸いながら上げ、身体を反らせます。

③戻してきて、息を吐きながら両手を両足の横の床につき、上体を足のほうに近づけます。

④右足を大きく後ろに引いて、ヒザと足の甲を床につけて、息を吸いながら上体を反らしてのどを伸ばし、後ろを見るようにします。

⑤両手を床について右足先を立てて、左足を後ろの右足にそろえ、息を吐きながら腰を立てて背すじを伸ばします。

⑥両膝を床につけて、ヒジを折り曲げて胸とあごを床につけて、呼吸と動きを止めます。

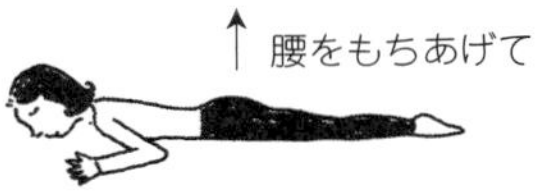

※参考書:成瀬雅春著「仕事力を１０倍高めるヨーガトレーニング」（PHP研究所）

集中力を養うこと

＊健康力が集中力のもと

おそらく以前は、集中できないと言う人には「本気でやれ」とか「肚《はら》を決めて取り組め」というだけで、済んだのではないかと思います。いわゆる根性論で、かなり解決したものでしたから。

しかし、今やそれではまったく通用しません。「肚」という言葉なんかは、現代日本ではほとんど死語になっていると言って過言ではないでしょう。

集中とは、**五感の焦点を一定方向に絞り続けること**であり、意識活動を意図することに向け続けること。

ですから、生命活動には必ず集中力が伴っていると言うことができます。

これまで多くの受講生を見てきましたが、その結果から言いますと、**健康に優れている方は、集中力にも優れています**。ですから生命活動をしている限り、集中力のない人はいないと言うことができます。

「集中力のない人はいない」と言うと、「いや、私は実際集中力がなくて困っている」と反論する人がいると思います。けど、それは、よく観察してみると、実

馬車で行って
14時間

人力車でも
14時間半!

江戸の末期から明治の初めにかけて来日したE・ベルツは東京から日光まで行ったときのことを書き残しています。1回目は、馬で行き、6回馬を替えて14時間かかったのですが、2回目は、人力車で行ったら、1人の車夫で14時間半で行ってしまったというのです。
これは、単に体力があったというだけではありません。当時、いかに交通量が少ないといっても、馬車や通行人にぶつからないように注意しなくてはならないし、もちろん道を間違えないように観察しながら走るわけですから、集中力が続いていたということも意味しています。
もともと私たち日本人は、とても優れた体力と集中力を持っていたことがわかります。

は集中する力がないのではなくて、**集中をコントロールすることがうまくできないということなのです。**

ですから、どんなに集中力がないというお子さんでも、好きなことをやらせると、夢中になって集中するものです。

もちろん夢中になれないお子さんもいます。それは、今述べた通り生命力、つまり健康に問題がある場合です。体力がなくてすぐ疲れてしまうような場合や、体に痛みやかゆみがある場合には、読書のような知的な活動に注意を集中した状態を維持することは困難です。

実は、このような問題を抱えているのは決して子供だけではありません。社会で普通に働いている、一見健康そうな大人の人たちにも同様の現象があります。私の教室に受講にきた人たちの話を聞くと、仕事を終えて家に帰ると疲れてしまっていて能動的なことは何もできないという方が意外と多いのです。

もし、身に覚えがあるなら、まず体力の基本である日常の食生活をチェックしてみてください（2章参照）。

食生活を伝統的なものに改めることは、本格的な訓練に入る前に、スタート地点を本来の位置に戻すことを意味しているわけです。

＊良い姿勢が集中を深くする

健康状態に問題がなければ、すでに本来の能力を発揮する準備ができていることになります。

もちろん、ここで健康状態というのは、身体のみならず、精神面のことも意味しています。つまり、健康面が充実していると、精神的に安定して、小さなことに動揺しなくなりますし、他の人に対しても寛容でいられます。ですから、健康は落ち着きのもとでもあるわけです。

このような心身の準備ができて、いよいよ読書に集中しようということになりますが、その集中しようという意識に身体がついてきてくれるかどうかが、次の問題になります。

そのポイントは**姿勢にあります**。

実は、「速読脳開発プログラム」のトレーニングでは、姿勢はとても大切です。毎分1万字以上の速度で読み続けるわけですから、その集中は並大抵ではありません。その集中を発揮し、持続するためには、姿勢がとても重要なのです。

このように姿勢が大切であることは「速読脳開発プログラム」に限りません。深い落ち着きと集中で悟りを目指す座禅を始め、武道でも芸道でも、「道」と名のつくものは、すべて姿勢をとても重要視しています。

しかし、不思議なことに、**落ち着きと集中を最も養わなければならない学校教育のなかに、姿勢教育がない**のです。

戦前は、軍隊式だったかもしれませんが、姿勢教育がありました。しかし敗戦の結果、良いことも悪いことも一様に否定され、姿勢教育は、言葉さえも見あたらなくなってしまいました。

ところが、一人、戦前から一貫して、姿勢の大切さを説いた人がいます。「人生二度なし」と説く哲学者であり、教育者であった森信三《もりのぶぞう》（明治29―平成4）です。

森信三は、少年時代に岡田式静坐法に感化され、姿勢の重要性に目覚め、立腰教育を説きました。

この立腰教育は、「速読脳開発プログラム」の姿勢教育と非常によく似ています。きっと、この姿勢を身につけるだけでも、読書力だけでなく、集中力や、記憶力、判断力などの教育基礎力が向上するはずです。

ぜひトライしてみてください。

立腰の実戦方法としては、次の3つのポイントが上げられています。

1 尻を思い切り後ろに突き出す
2 反対に腰骨をウンと前に突き出す
3 下腹に力を入れると、肩のキバリがスカッと取れる

この方法を実践した生徒たちの感想を読むと、立腰姿勢を取ることで、

1、頭がスッキリする
2、集中できる
3、持続力がついた

という、3つの効果が、ほぼ一様に上げられています。

これなら、学習効果が上がることは間違いないでしょうし、おそらく、実際に主体性の確立につながった方も多いものと思われます。

＊主体的に取り組んで集中力を伸ばす

集中力を養うために大切なこととして、食生活と姿勢について述べてきましたが、最も大切なことは、精神面です。

どんなに食生活が改善され、姿勢が良くなったとしても、それは本来の人間のあるべき姿に戻ったというだけです。気持ちが暗かったり、目先の面白そうなことや不満にとらわれていると、集中力を開発することはもちろん、今なすべきことに集中することさえ困難になってしまいます。

集中するという行為は、自分から進んでトライしたときに、はじめて成立する行為です。他人から言われてイヤイヤながらやっても集中できないことは体験的にわかります。

しかし実生活のなかでは、イヤと言わないまでも、好きじゃないけどやらなければならないということも多々あります。そんなときに、後ろ向きの気持ちでやっているとすると、単に集中力を発揮できないだけでなく、後ろ向きの気持ちで取り組む心癖がついてしまいます。

ですから、集中力を養うためには、物事に取り組む心の姿勢がとても重要です。心の姿勢を決めるのは、その人の考え方であり、価値観です。

私の教室には、お母さんが子供を連れてきます。なかには、子供自身が速読を習いたいということで来ることもありますが、多くの場合、子供はその気がないのに、お母さんが強引に連れてきます。

確かに親は、子供の教育に責任がありますから、子供がいやと言ってもやらせるべきだということもあります。子供が大人になってから、そのことについて親に感謝しているという話もよく聞きます。
しかし、能力の開発という観点から見ると、いやいやながらやるのでは、トレーニングの効果を期待することはできません。

例をあげましょう。

社会人であれば、仕事に対して、給料をもらう対価として時間を切り売りしているという考え方で働いている人と、仕事を通して自分を磨こうという考え方で働いている人がいます。いずれの考え方も客観的真実を含んでいますが、能力開発的に見た場合には、天と地の差があります。

たとえば、コピーを取る仕事を頼まれたとします。

「コピー取りなんてつまらないけど、お金をもらうのだからしょうがないな。早くやってもゆっくりやっても給料には関係ない」と考えていると、当然だらだらコピーを取ることになります。それでは、仕事に集中することも創意工夫も出て来ようがありません。

確かにコピー取りは表面的に考えると、誰でもできる仕事。しかし、仕事で自分を磨こうとするなら、その仕事をもっと自分のものとして考えるでしょう。「このの大量のコピーを、きれいに早く取るにはどうすればいいだろうか。いったいこのコピーを取る目的は何だろうか」などと考え、工夫するはずです。そうなると、一見つまらないコピー取りという仕事も自分の集中力を高め、工夫する力を伸ばすトレーニングに変わるわけです。

学生であれば、「単位を取り大卒の資格を取るため」に授業に出るという考え方の人と、「その授業に興味があるから」、「面白そうだから」、「そのテーマについてもっと知りたいから」授業に出るという考え方の人がいます。

やはり、前者の考え方では、受け身的に授業を受けることになりますから、知識は多少増えるかもしれませんが、集中力を伸ばすことは困難です。興味を持って、集中することを繰り返していくことで、深く集中する力を養うことができるのです。

考え方1つで、活動しているすべての時間を集中力強化のトレーニング時間にすることもできるし、まさに切り売りして自分の向上とは関係のない時間にしてしまうこともできます。日常で出会う1つ1つのことに、前向きの気持ちで、主体的に取り組むなら、集中力はもちろん、創造力や記憶力も日々開発されていきます。そして数年もすれば、自分の能力に実に大きな変化がに起きていることに気付くことになります。

日常のすべてのことに主体的に取り組み、毎日をイキイキと生きることで、集中力を身につけていきましょう。

第4章

例の方法

読んで養う読書の基礎力

●○●○●○●

読了のめやす＝約13分

POINT

本を読まずに読書能力は高められない

前の2章では、読書能力を人間の行動の1つと見て、読書能力を発達させるために日常生活のなかで大切なことについて、解説してきました。

食生活まで話が及んだことに驚いた方もいるかもしれません。

「医食同源」という漢方の古い言葉が、健康食品の宣伝などにも使われるようになりましたが、食によって私たちの体や心の健康が左右される以上、何事であれ能力を伸ばそうとするなら、食に注意することは当然なのです。

しかし、どんなに日常心身によい食べ物を摂っていたとしても、実際に本を読まなければ、読書能力は発達してきません。

それは、あまりに当たり前のことですが、ときどきこのことを忘れている受講生がいます。

あるとき、訓練で5000字／分近くの読書速度を記録している受講生が、「速く読めるようになったかどうかわからない」と言ってきました。

驚いてよく話を聞いてみると、その受講生は、日常まったく本を読んでいないのです。

私のアドバイスを受けて本を読むようになり、その後急速に力をつけていきました。

「速読ができるようになってから、本を読もう」という気持ちはわかりますが、**本を読まずに読書能力を発達させることは不可能です。**

ですから、前章で、「まず、本を読もうと決意しましょう」とお話ししたわけです。なぜなら、本を読むことで読書に必要な基礎力が養われるからです。

しかし、漫然と本を読んでいればいいというわけではありません。

すでに読書に必要な精神機能についてはいろいろ説明してきましたから、自分の読書能力のどのようなポイントが弱いのかがわかってきたと思います。

この章では、**自分の読書能力の弱点を強化するためには、日常どのような読み方をすればいいか**についてお話しします。

読書で語彙《い》と知識を増やす

速読でも通常の読書でも、語彙つまり知っている言葉が限られていると、読んでも内容をよく理解できないことになります。ですから語彙を増やすことは、**読書力を伸ばすために第一に必要**なことです。

しかし、語彙を増やすことは、それだけではありません。**私たちの感性を磨き、精神生活を豊かにしてくれます。**

たとえば、旅行に行ってきた友達が「紺碧の空にコバルトブルーの海が素晴らしかった」と話してくれたとしましょう。もし、自分の語彙の中に「紺碧」や「コバルトブルー」がなければ、友達の話は「青い空に青い海が素晴らしかった」になってしまいます。それでは、正しく理解したとは言えません。

私たちが幼いとき、「青」という言葉で覚えた色は、「紺碧」や「コバルトブルー」だけでなく「水色」「スカイブルー」「青緑色」「群青色」「紺色」「藍色」「オーシャンブルー」などさまざまな色を包括しています。

語彙を増やすということは、今まで単に「青」と表現してきた色を、細かく識別できるようになるということです。

つまり、自分の感性をより精妙な感覚を識別できるものに発達させていくことでもあるわけです。

語彙が少ないということは、心の未発達さ、精神生活の貧しさを示します。最近の若い人たちが使う言葉に、「ムカツク」「キレた」という表現がありますが、不満や怒りの気持ちをこれらの言葉でしか表現できないとしたら、心の幼稚さを表していると言っていいでしょう。

自分の心の動きをもう少し細かく観察していろいろな言葉で表現できるようになれば、ムカツいたりキレたりすることはなくなるのではないでしょうか。

読書は語彙を増やすためにとても大切ですが、それだけでは単なる表面的な知識であり、身に付いた言葉になりません。身についたものにするには、外界のいろいろなものや自分の心の動きを観察すること、周囲の人々の心の動きを察することが、読書と表裏一体となってなされていなければなりません。

心の中に表現したい衝動があり、読書で得られた知識としての言葉があって、その両者が結びついたとき、本当の自分の語彙となるわけです。

POINT

読めない漢字が多いときはふりがなのふってある本からチャレンジ

読みたい本をパラパラとめくってみて、読めない漢字がたくさんあるような場合には、まず漢字を読めるようにしなければなりません。「漢字検定」に挑戦するなどして漢字そのものに対する知識を増やすことは、もちろん有効な対策です。しかし読書しながら読める漢字の量を増やしていくこともできます。

それは、少し難しい**漢字にふりがなを振ってある本を使って読書すること**です。読めなかった漢字も、読書しながら繰り返し読むことで、自然に覚えられます。

現在、古い本は別にして、最近判を改めた**文庫本**は、ふりがな付きが多くなっています。特に、たとえば「春のブックフェア」とか、「新社会人のための一〇〇冊」などに選ばれている本は、ふりがな付きになっているものが多いですから、その中から読みたい本を探してみてください。

もちろん、読めない漢字にであったときすぐに辞書を引く習慣をつけるようにしたいものです。

今は、電子辞書という軽くて便利なものがありますから、漢和辞典や国語辞典の入ったものを購入して、いつもカバンに入れておくようにするといいでしょう。

市場《いちば》町《まち》の大通りにあるパンブルチュックさん
胡椒《こしょう》の実や穀物の粉でいっぱいだった。自分の
いるなんて、なんて幸福なひとだろう、と思っ
色の紙にきちんとつつんだ包みを見たとき、い
にこんな牢獄《ろうごく》を破って出て、咲きだしたいと思
　こんなことを考えたのは、着いた翌日の朝早く
る屋根裏部屋の寝床に、まっすぐ追いやられたの
みっこのところがとても低くなっていたので、
眉から一フィートとはなれていないはずだった。
ルテンのズボンには、おどろくほど類似性があ
コールテンのズボンをはいていたし、番頭もは
らしい空気やにおいがあり、また種子には、い

最近の名作の文庫本は
ルビ付きのものが多いですね。
この辺りから入っていくと、読みやすくて
長続きしますよ！

※出典：ディケンズ「大いなる遺産（上）」（新潮文庫）95ページ

語彙《い》量を増やしたいときは何遍も出あうチャンスを作ろう

どんどん本を読んで理解できない言葉や意味の曖昧な言葉に出あったときには、辞書を引くのは基本的なこと。しかし、一度辞書を引き意味を理解して読み進んだ後に、覚えたかどうか確認するためにそのページに繰り返し戻ったりすることは、かえって読書への集中を妨げ、楽しめなくしてしまいます。

むしろ、たくさん読書していく中で、いろいろな使用例に出会い、その**言葉の持つ雰囲気やニュアンスと一緒に習得していく**と、よく身につけられるでしょう。

また、わからない言葉はわからない言葉として受け止めて、**気にしないで読み進むこと**も、とても有効な対処法です。その言葉が繰り返し出てきて、文章の流れから言葉の意味が自ずとわかってくることもあります。同時に、繰り返し出てきますから、自然に記憶に残る言葉となります。

もしそうでないとしても、一度見た言葉は潜在意識の中にすべて貯蔵され、次にその言葉に出あったときには、一回目よりも意味を推測したり記憶したりするのが容易になります。

大切なことは、わからない言葉に出会っても、心を乱さずに読み進むことです。

もちろん、学校の教科書や仕事に関連する専門書を読むときは話が別です。
このような場合には、正確に知っているかどうかを試験や仕事の現場で試されることになりますから、ノートに書き出すとか、そのページを繰り返し読むとかして正確に記憶しながら、読んでいってください。

POINT

知識を増やしたいときは好奇心と感動する心を持とう

ここで知識というのは、単なる言葉の定義だけではなく、その言葉に関連する周辺知識を含めた概念のことです。

たとえば、「エンジン」という言葉に対して、「自動車を走らす動力を発生する機械」というだけでなく、それには、ガソリンエンジンやディーゼルエンジン、飛行機で使われるジェットエンジンなどたくさんの種類があること、それぞれのエンジンの仕組みなどを知っていることが「知識を持っている」ことになります。ですから知識が豊富であれば、「一を聞いて十を知る」、知識は、読解力や早読み力を向上させるために不可欠ということになります。

作家の司馬遼太郎は、作家になる前の新聞記者をしていた時代に、百科事典を毎日1ページずつ切りさいて持って歩き、取材の合間に読んで暗記していたというエピソードが伝えられています。

彼は数秒ごとにページをめくるほど本を読むのが早かったというのは有名な話ですが、百科事典で得た膨大な知識がその読書速度をもたらしたものと思われま

楽しんで読んで
いらしたから
暗記も苦にならず
できたのでしょうね

す。そして、その知識と読書力が後の偉大な作家活動のもとになったわけです。

作家になるためには膨大な知識が必要だと言うことはよくわかりますが、司馬遼太郎は、義務感にかられて百科事典を読んだのでしょうか？

私はきっと違うと思うのです。なぜなら、義務感で百科事典を読み切ることは困難だと判断するからです。

おそらく彼にとって、新しい知識を得ることは何よりも嬉しいことだったに違いありません。**知ることが喜びだったのだと思います。**

司馬遼太郎を百科事典を暗記し切る行動に駆り立てたのは、彼の**知的好奇心**です。彼は新しいことを知ったり、不思議と思っていた謎が解けたりしたとき、心底から面白いと感動する心を持っていたと思うのです。

知識を増やしたいと思うのであれば、私たちは司馬遼太郎の「知的好奇心」と「知って面白いと感動する心」に学ぶ必要があります。

幼いころ、道端にしゃがみ込んで、小さな虫をじっと見つめ続けたというような思い出。私たちは皆、幼いときには、この知的好奇心と感動する心を持っていたのです。

大人になった今、その心をもう一度呼び起こして、目を輝かせて日常を過ごすことが、知識を増やしていくための根本的対処法なのです。

知識を増やすための読書法

次に、知識を増やすための読書の仕方について説明します。

まず、どの分野の知識を増やしたいのかよく考えてみてください。

とにかくどんな知識でもあればあるほどいいということであれば、それは百科事典を読むしかありません。それも、司馬遼太郎レベルの強烈な知的好奇心と十分な時間を持っているなら、達成できるでしょうが、仕事をしながら少ない時間を有効活用して知識を増やそうという場合には、分野を絞った方が賢明です。

もっともお勧めするのは、自分の**興味のある分野**です。

好きな趣味の分野であればベストです。そのような分野では、すでにある程度広い知識を持っているはずですから、それを深く掘り下げていけば良いわけです。

掘り下げていく過程で、関連するいろいろな分野の知識を学ぶことになりますし、しかもその知識は自分が関心を持っていることと有機的につながっています。

だから、容易に覚えられ、その結果、自分で自信を持って解説できる分野ができ上がります。

仕事でも趣味でも、自分で自信のある分野を確立することは、安定した精神で生きていくためにとても重要なことです。

仕事上学ばなければならない分野を選ぶ場合には、学ぶ理由が責任感からでも出世欲からでも構いませんが、好き嫌いを超えて、**本気でマスターすると、肚を決めてかかること**が大切です。

その気持ちがはっきりしたら、その分野において、今の**自分の知識レベルで簡単に理解できそうな本を探してください。**

その本を繰り返し読んで、その分野の基本的な考え方や専門用語を覚えたら、もう少し詳しい本を読みます。その本も必要なレベルまで習得したら、またさらに詳しく解説した本を読みます。

このようなやり方で、数冊の本を読み進むと、効率よく知識を増やすことができます。

必要に応じて、ノートにまとめて、全体と部分の関係をよく見ながら覚えていくこと、早く読もうとしないで落ち着いて読んでいくことが大切なポイントです。

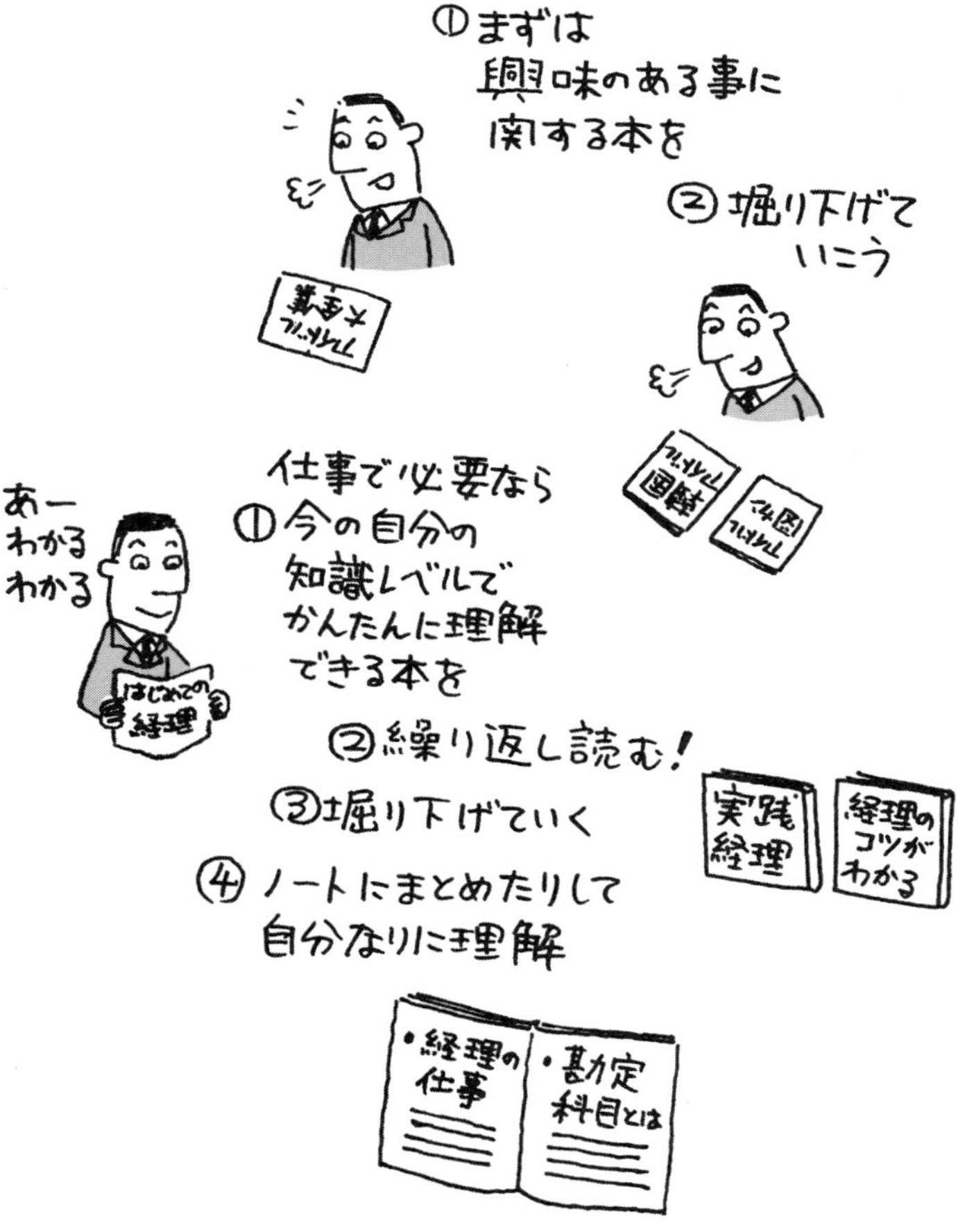
①まずは
興味のある事に
関する本を
②掘り下げて
いこう
あー
わかる
わかる
はじめての
経理
仕事で必要なら
①今の自分の
知識レベルで
かんたんに理解
できる本を
②繰り返し読む！
③掘り下げていく
④ノートにまとめたりして
自分なりに理解
実践
経理
経理の
コツが
わかる
・経理の
仕事
・勘定
科目とは

読書で集中力を鍛える

姿勢を整えよう

読書で集中力を鍛えるには、まず姿勢が大切です。

腰を立てて座ることで、集中力をはじめ、持久力や判断力が高まることについては、すでに述べた通りです。ですから、まず**腰を立てて座る**こと、**後頭部を背骨の方向に軽く持ち上げるように**して、胸が丸まったり、アゴが前に突き出ないようにしてください。

本までの距離も重要です。本に近づくと外界から隔離されるようで本に集中しやすいという方もいますが、近づきすぎると、両目で見るために強い輻輳力（目を内側に寄せる力）が必要になります。これは、目を疲れさせる原因になります。

また照明の明るさも集中に影響します。暗い環境では、読みづらく速度も遅くなります。十分に明るい照明のもとで、リラックスして読書に集中できるようにしましょう。

イスに
まっすぐ座る
30〜
40cm
十分に
明るい
所で
手元のライトも
付けましょう.

ブックスタンドを使うと紙面に角度がついて、見やすくなりますから、特に長時間読書に集中しようというときには、ブックスタンドを準備した方がよいでしょう。

本までの距離は、通常30センチから40センチとされますが、左右それぞれの目で焦点が合うことを確認し、両目で読書できる距離を用いてください。

知りたいことを言葉にしてから、読み進もう

集中して読むためには、**興味を持ち続けること**が大切なポイントです。

詩集のようにゆっくりと繰り返し読んで味わう本は別として、一般に本を読む場合には、必ず**何かを知りたいとか、楽しみたいという目的**があるはずです。

たとえば、「右脳は天才だ」という本を読む場合、「どうして右脳は天才と言えるのだろうか、その理由は何だろう?」とか「右脳が天才なはずはない。その主張のどこが間違っているかはっきりさせてやろう」と思って読み始めるはずです。その知りたいポイントを明確にして、その知りたいという欲求や疑問を持ち続けることが、集中して読むポイントというわけです。

小説の場合も同じことが言えます。

推理小説なら、犯人は誰なのか、トリックはどこにあるのかを知りたくて推理しながら読むからこそ集中するわけです。

一般の小説でも、主人公が次は誰と出会い、どんな出来事に巻き込まれるのか、そこでどのように対処するのかハラハラドキドキして、集中するはずです。楽しんで読む小説の場合、知りたい気持ちとかハラハラドキドキがうまく持続するように構成ができていますから、気に入った楽しい小説をどしどし読んでいくことは、読書の集中力を養うのに役立ちます。

仕事や学業のために本を読む場合には、何を知りたいかというテーマがあるはずです。

しかし、そのテーマが与えられたものであったりすると、「このことを知りたい」という意志や、その知りたい内容が曖昧になりがちです。それでは、読み始めてすぐに眠くなってもおかしくありません。

ですから、**読み始める前に、知りたい内容を具体的にすること、そして知りたいという意志を明確にすること**が大切です。

それがはっきりしたら、「私は、××について知りたくてこの本を読みます。本当に私は××について知りたいのです」と心の中で宣言して読み始めるとよいでしょう。そして、その知りたい内容を念頭に置きながら、読み進んでください。

読み終える目標時間を設定しよう

たとえば夏休みの宿題を、8月も終わりになって必死にやった経験はないでしょうか？　そのとき、楽しいとは思わなかったけど、集中してやったという満足感はあったのではないかと思います。

強制された締め切りは楽しくありませんが、**自ら締め切りを決めてやると、それに挑戦するゲーム感覚で楽しくできる**ものです。

読書の場合も同じです。

左ページのように現在の読書時間から目標時間を決め、読んでみましょう。

時間を2割短縮するには、速度を2割5分速くしなければなりません。

理解度を変えずに読書速度を2割5分アップするのは、本気で集中しないと意外に難しいもの。読了時間を2割短縮するのが難しかったら、もちろん、一割短縮するのを目標にしてもかまいません。

目標を設定し、その時間内に読み終えようと挑戦することで、気が引き締まり、集中がグンとアップします。

目標時間に挑戦する気が起きない方は、ちょっと疲れているかもしれません。休養をとり、体調を整えてから、またトライしてみてください。

読書にゲーム感覚で集中する

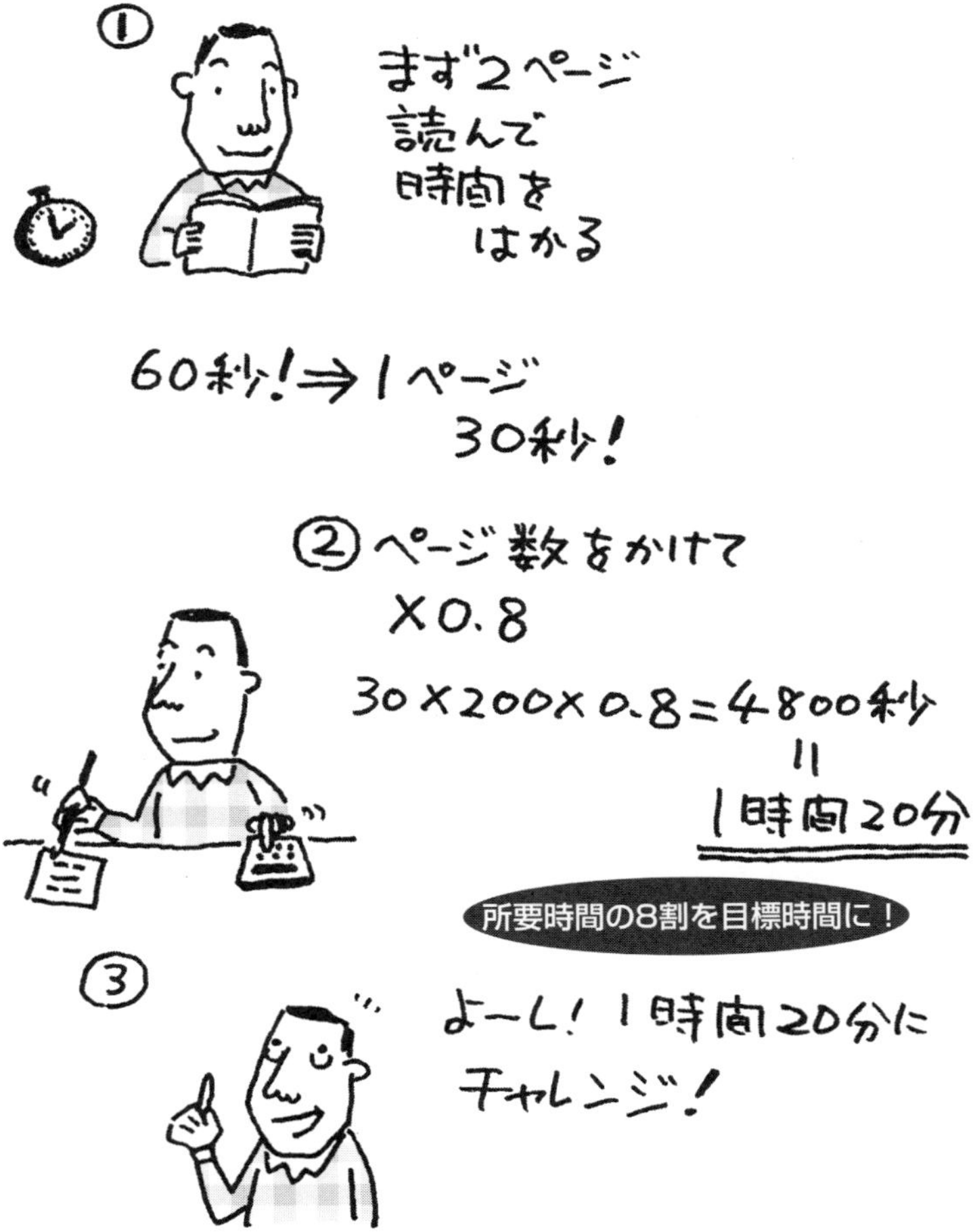
①
まず2ページ
読んで
時間を
はかる
60秒！⇒1ページ
30秒！
② ページ数をかけて
×0.8
30×200×0.8＝4800秒
＝
1時間20分
所要時間の8割を目標時間に！
③
よーし！1時間20分に
チャレンジ！

POINT

読書で持続力を養う

現代は、実にせわしない時代です。ファッションは流行を追うのが当たり前、商品はちょっとデザインを変えたり、機能をちょっと付け加えたりして、次から次と私たちの目を引き、買わせようとします。1つのものを寿命と言えるまで使い切ることも希になってきました。

そんな生活自体が、私たちの根気や持続力を減退させているのかもしれません。出版界も同様で、次から次と「この本こそ面白い」という宣伝を打ってきます。そのほとんどは、短編であったり、断片的な知識を売る本になっています。それは、持続力のない現代人でも買って読んでくれるような本を作っているということなのでしょう。

しかし、1つのことにじっくり取り組む力を身につけることは、生きていく上でとても大切なことです。

読書力を向上させるには持続力は不可欠ですし、また読書で持続力を養うことができます。

では、読書を通して持続力を養うには、何に留意すればよいのでしょうか。

読み切ることで完遂する喜びを体験しよう

大切なことは、まず読み切ることです。

面白い本は、私たちを最後まで引っ張ってくれます。少年少女時代に読む本の多くは、私たちの心をワクワク、ハラハラ、ドキドキさせ、本を読み切るのを助ける内容になっていて、持続力や根気を養うのに役立っているのです。

しかし、大きくなってから読む本は、知識を得るのに役立つ内容になっていますが、必ずしも私たちを夢中にさせてくれるものとは限りません。

そのような本を読み切るには、自ら、持続力や根気を発揮しなければなりません。つまり、それは**セルフコントロール力**です。

内容が面白くない、長い、飽きる、疲れるなど、本を読み切るのを妨げる要因はたくさんあります。しかし、その要因が大きなものであればあるほど、読み切ったときの喜びは大きいものです。それは、達成感の喜びです。

本は、比較的短時間で一冊を読み終えることができ、しかも一人でできますから、達成感をたくさん繰り返し味わうことができます。その結果、本を読み切る習慣が養われ、物事をやり切らないと満足しない心的態度が培われるのです。

理解できなくても、読み切る

読み切るのを妨げる大きな要因は、読んでいる内容が理解できない、読めない漢字やわからない言葉が多くある、ということではないでしょうか。

たしかにそれらは読んでいても面白くない大きな原因ですが、実は、そのような本を読み切ることで読書力は大きく伸びるのです。

そんな本を読むときこそ、読書力を伸ばすチャンスなのです。

ここで、私の体験をお話ししましょう。

私は、青森県の片田舎で生まれ育ち、中学2年のとき、初めて東京に遊びに来ました。そのとき、お茶の水の神保町にある古本屋で、記念として一冊の本を買いました。夏目漱石の「我が輩は猫である」。おそらく冒頭の部分を少年少女向けに書き改めたものを教科書か何かで読んでいて、面白かったので買ったのです。

ところが、買った本は、旧漢字に旧仮名使いで読めないばかりでなく、内容は、子供にはわかりにくい大人の世界の心理描写、さらに知識のない明治という時代背景と、さっぱり内容がわかりません。たまに、読める仮名が多くなって少し笑えたりしますが、ほとんど理解できないのです。

先生の体験
佐々木少年
買っちゃった……
吾が輩は猫である
でも意地でも読んで
う〜ん わからん
読んだ! なんだか何でも読める気がする!!
僕の原点です。

当時大学生の姉が、「あなたはこれを読めるの?」とばかり、怪訝《けげん》そうな顔をして私を見ていましたが、大人ぶって買った手前、読まないわけにもいきません。3カ月ほどかかって、とにかく読み切りました。いや、正確には、文字を追い切ったといった方がいいでしょう。

ところが、そんな読めない分からない尽くしの読み方でしたが、その後何かが変わりました。

一言で言うと、読むことへの抵抗感が大きく減ったのです。

本を読んでいて、読めない漢字やわからない言葉に出会っても、そのまま受け入れて読んでいけます。教科書で、古文や漢文が出てきても、何となく理解しやすく感じます。

当時、はっきりと読書力がついてきたと感じたのを今でも覚えています。

私たちの「理解する」という精神機能は、潜在意識のなかでの働きです。

それは、記憶された知識や体験をもとになされます。

読めない漢字や意味のわからない言葉であったとしても、潜在意識には、文字の形などの視覚的印象だけではない、それ以上の印象が記憶として蓄えられることになります。

それが、再びその文字や言葉に出会ったとき、読みやすくかつ理解しやすくするものと考えられます。

読めない漢字やわからない言葉が多いとしても、一冊の本を読み切ることには、読書力を向上させ、物事をやり抜くという心的習慣をつけるという点で、大きな意味があります。

このことを理解して、根気と持続力を養っていきましょう。

POINT

読書で落ち着きを養う

読んで理解するという心の働きは、高次の精神機能です。つまり、読んで理解するという機能は、その下に、文字を読む、言葉を理解する、文法を理解する、ニュアンスを理解する、行間を読む、など、多くの機能が働き、それらが精妙に組み上げられることで成り立っているわけです。

だから、読んで理解しようとすれば、自ずと精神的に落ち着くことになります。

落語で、いろいろな誤解をして笑いをもたらす熊さんや八つぁんなどのキャラクターは、決まってあわてん坊、つまり落ち着かない人。

読書では、会話と違って、本と自分の世界に入ることになりますから、他の人との会話よりももっと落ち着くことになるわけです。本来落ち着きを誘起するのが読書ですから、毎日の生活の中で読書の時間を確保するなら、さらに落ち着きを養うことができます。

毎日、**30分でいいですから、ぜひ一定の時間を読書に当てたい**ものです。

それは、静かな場所でなければならないということはありません。通勤や通学の電車の中でいいのです。

10年ほど前から、中学や高校で、毎朝10分間、読書させるところが多くなってきています。その結果、単に読書の面白さが分かったり、読書習慣がついたりというだけでなく、生徒たちに落ち着きが出てくるという良い効果が得られています。まさに、読書の効果と言えましょう。

焦らず、自分のペースで読もう

「読んで理解する」ということを白紙の気持ちで行えば、自然に落ち着きも得られ、集中も深くなるのが読書本来の姿なのですが、この忙しい現代では、心を乱すものがたくさんあります。

明日までに読まなければならないとか、試験で制限時間内に読む必要があるとか、教養として量も必要とか、ほかにたくさん仕事もあるしとか、緊張を強いられる環境の中で読まなければならないとか、数え上げると切りがありません。

本来、読書は自ら主体的に取り組む作業なのなのですが、今例に挙げたような外からの制限やストレスを抱えている状況の中では、主体性を保つことが困難になります。つまりこのような条件の下での読書では、心も脳も、本来の理解回路を正常に働かせることができず、落ち着きを養うものとはならないのです。

近年「読んでも頭に入りません」と言って私の教室を訪れる人が多くなってきた背景には、このような事情があるものと思われます。

焦って主体性を失った状態では、読書しても落ち着きを得ることはできません。

読書するときは、**いったん気持ちをまっさらにして、内容を楽しみながら、**読んでいきましょう。

あなたのペースで
落ち着いて読めば
いいんですよ！！

POINT

読書で自分を育てる

ここでは、自分の読書力を伸ばすための読書の仕方と、より充実した人生を送るためにどのような本を読むのが役立つかについてお話しします。

知らないことへの出会いを楽しもう

読書力を伸ばすには、要するに、気持ちを白紙にしてたくさんの本を読んでいけばいいだけです。しかし、幼い子供ならいざ知らず、大人になってからだと、それがそう簡単にはいきません。もう小さな子供ではないんだというプライド、知らないことへの恥ずかしさなどで、気持ちを白紙に保てないのです。

成長するということは、自分なりの判断基準を育てること。

幼い子供は、判断は大人まかせですから、大人に叱られない限り、自分のやっていることに悩むことはありません。しかし、成長して、この年齢ならこのようなことは知っているべきだとか、できるべきだとかという自分の判断基準が育ってくると、それを満たせないことはストレスになります。

さらに、成長の過程で勝ち負けの判断規準を教わったり、自分はこうありたいという願望が育ってくると、知らないとか、できないということは、生きていく自信を失わせたり、自分を責める原因にもなってきます。読書するたびに、そのような気持ちが自分の中に生じるとしたら、読書は嫌なものになってしまいます。

このように、知らないというストレスや知らないことの厖大さに圧倒されて、読書から遠ざかるとしたら、それはとても残念なことです。

読書嫌いを脱出し、本に親しむことができるようになるために、2つのことを提案したいと思います。

1つは、**「知らないことがたくさんあるから読書するんだ」と自覚すること**です。

落ち着いて考えれば当たり前なのですが、他人に勝つことばかり考えたり、自分は完全でなくてはならないと考える人は、当たり前のことを忘れがちです。

「自分は成長の過程にあるので、知らないことが多いのは当たり前だ」ということを理解しておきたいのです。

私たちの読書能力には限りがあります。「速読脳」を開発して高速で読めたとしても、せいぜい1分間で1冊。ましてや、人生の時間には限りがあります。

ですから、使える時間をすべて使ったとしても、先人が気づき上げてきた文化のごく一端しか知ることはできません。

未知の世界は大きく広がっています。**「知ることは一生の楽しみ」**なのです。

2つ目は、**「文字を完全に読めなくても、正しく理解できなくても、読書しようとして文字を順に追っていく行為は、立派な読書なのだ」と納得すること**です。

よく考えてみると、理解するというのは主観的な行為です。ですから、その文章を書いた本人でない限り、完全に理解できたということはないのです。

私たちが「正しく」理解したという表現を用いるのは、ほかの人と共通の理解レベルで理解したという意味でしかありません。読書とは個人的行為であり、理解は主観的なものですから、そこに「完全に」という、そもそもあり得ない規準を持ってきてしまうと、自分の読み方がいつも不完全だという自虐的な発想が生じてしまいます。

今は、自分の読書能力は発達の途中なので、たとえ読めない文字、知らない言葉、わからない内容があっても当然であって、読書としてはそれでいいのだと理解すべきです。

読めない漢字、知らない言葉、理解できない内容に出会ったら、大いに喜ぶべきです。知るチャンスに出くわしたのですから。ぜひ、赤ちゃんに返ったつもりで、新しいこと、知らないことへの出会いを楽しみましょう。

もちろん、今の読書能力のままでいいと言っているのではありません。成長の過程だからこそ、いつも謙虚な気持ちで他の人の話を聞き、本を読み、落ち着いてよく考えるようにして、読書能力を発達させていく努力を怠ってはなりません。

伝記を読んで、先人の生き方に学ぼう

書物には先人が築き上げてきたいろいろな知識や知恵が盛られています。

それらを学ぶことは、まさに読書の醍醐味。読書によって、知識や知恵を習得して、より良い人生を全うし、次の世代により良い世界を残していくことは、私たちの責務と言えましょう。

しかし、青年時代には、そのように志したとしても、何をしていいのか迷い、将来に不安を覚えるものです。今、フリーターやＮＥＥＴと呼ばれる人たちが増えていますが、人生に迷いや不安があり、将来を見通すことができないことが、１つの要因になっているのではないでしょうか。


そのようなとき、勧めたいのが**伝記を読むこと**です。

おそらく偉人伝は、ほとんどの人が読んだことがあると思います。

小学生のころ読んだ偉人伝では、この人は△△を発明した人、あの人は××国を興した人とか、その人が残した業績しか記憶に残っていないかもしれません。

そのような知識を覚えることも大切ですが、もっと大切なことは、その偉人と言われるようになった人が、**人生や世の中についてどのような考えを持ち、どの**

ように行動したかを知ることです。

そのような観点からさまざまな伝記を読んだとき、偉人と言われた人がさらに偉く見えてくるかもしれませんし、ただの凡人に見えてくるかもしれません。また、歴史に名も残っていない市井の人の生き方に感動するかもしれません。

もしあなたが「この人のように生きてゆきたい」と思える人生の先達を、先人に見つけることができたなら、それはまさに読書冥利に尽きるというものです。

さまざまな人の伝記を読むことで、そこから、人の一生とはどのようなものであるかを把握することができ、自分の生きていく指針を見いだすことができます。

読書を通して、先人の生き方に学び、自分を大きく育てていきたいものです。

POINT

読書で右脳を鍛える

すでに述べたように、言語を司る脳の部位つまり言語野は、左脳にあります。**左脳が主に、言語、論理、理性の中枢**であるのに対し、**右脳は、イメージ、感情、直感の中枢**となっています。

よって読書は左脳だと一般的に言われていますが、そう単純ではありません。確かに論理的文章を読む場合には、左脳を主に使いますが、小説などのように情景や感情を描写した文章を読むときには、右脳も使っているのです。

私の教室でも、専門書しか読まないという人は小説などを読むのが苦手です。また逆に、小説しか読まない人は、論理的文章を苦手とする傾向があります。

これは、脳の使い方から見て、片寄っていることになります。もちろんそれは、テニスの選手の腕はラケットを持つ手の方が長いのと同様、左右の機能に差が出るほど専門を追求したわけですから、尊敬に値することです。

しかし、私たちは左右両方の脳を持って生まれてきているわけですから、人間として本来持っている能力を発揮し、よりよく生きていくには、**両方を片寄りなく、巧みな連携で使えること**が望ましいのです。

論理的な文も読み
想像力を働かせるので
左右の脳を使う
推理小説
情景や登場人物の
気持ちを想像しながら
読むときは
主に右脳が働く
専門書
論文
ファンタジー
論理的な文を
読むときは
主に左脳が働く

ここで、読書傾向から見て、自分は左脳タイプか、右脳タイプか、考えてみてください。

タイプA … 左脳タイプ

ほとんど専門書しか読まない、かつ小説を読むのは苦手という方。

この方は左脳タイプです。小説を読むのは苦手が高じて、嫌いという方が多いはずです。イメージすることは苦手、緊張しがちとか、読書以外にも影響が出ているかもしれません。

→脳を活性化するつもりで、小説を努めて読みましょう

タイプB … バランス脳タイプ

今は忙しくて専門書しか読まないが、若い頃は小説を読んだし、小説は楽しいという方。

このような方は、左右両方の脳をバランスよく使っている可能性が高いタイプです。

→たまには、右脳が錆びないように、小説も楽しんでください

タイプC　…　右脳タイプ寄り

小説しか読むことはなく、論理的な文章を読むのは苦手と感じている方。

この方は右脳タイプの可能性が大きいですが、文字を読むという左脳の機能は使っていますから、極端な片寄りにはなりません。日常生活や社会現象に、「なぜ？」と思って疑問を解きたくなると、小説以外の本にも興味がわいてきます。

↓同じ小説なら、推理小説を読んで、謎解きを楽しんで見てください

タイプD　…　右脳タイプ

活字の本を読まないで、漫画本だけ読む方。

このタイプの方は、だいたい右脳タイプと言えます。いったん本を読み始めると、どんどん読んでいく可能性があります。

↓早く、自分の好きなジャンルを見つけたいところです

現在学校教育では、主要五科目という言葉が使われています。国語、数学、理科、社会、英語で、いずれも左脳の論理的思考や分析的思考の機能を鍛える内容になっています。そして高校や大学の入学試験でも左脳の能力を試します。

ですから、受験勉強を過度にやりすぎると、右脳を使うべきときにも、自然に左脳が働いてしまい、適切な答を得ることができなくなってしまいます。左脳にできている神経回路が、繰り返し使われることによって抵抗が小さくなっていて、本来右脳を使うべき課題に対しても左脳が作動してしまうからです。

左右両脳をバランスよく使えるようになるためには、受験勉強のときにも音楽や美術などの科目もおろそかにしないことと、小説なども読む余裕を持つことが大切です。

受験期を過ぎた大人でしたら、右脳を使う趣味を持つこと、そして、やはり小説などを大いに読んで右脳を使いたいものです。

読書でイメージ力を鍛えよう

小説を読むことが苦手とかイメージを思い浮かべることに自信がないという方には、**少年少女向けの名作全集をお勧めします**。それらの本には、きれいな挿し絵が入っていますから、イメージするのを助けてくれます。

大人の方でも幼いときや小中学校時代の読書量が少なかったと思う方は、読書の基礎力をつける意味で、少年少女名作全集の類を楽しむことをお勧めします。

イメージ力の中でも想像力を鍛えたい方には、**戯曲や台本を読む**のがお勧め。

自分が映画監督や舞台監督になったつもりで、その場面を想い浮かべながら、ゆっくり読んでいきます。主人公にはこの俳優、脇役にはこの女優と、イメージに合う配役を決めて、想像してみてください。ゆったりとした気持ちで、自分のペースで楽しみながら行うことがポイントです。

映画監督や漫画家は大変強いイメージ力を持っているといわれています。知人の漫画家は、キャラクターが決まると、頭の中で映画のようにストーリーが展開していくと話していました。

そのようなイメージ力は、読書によって養われるのです。

POINT

読書で共感力を伸ばす

知ることは読書の目的でもあり、楽しみでもあります。

しかし、それは読書の持つ意義の半分でしかありません。

たとえば小説や自伝などは、教科書や解説書などと違って、知るためだけに読むものではありませんよね。**共感して、楽しむものです。**

最近、長編の名作を短くまとめて、どんな話なのかわかるようにした本がありますが、それを読むことと原作品を読むこととはまったく異なることです。

ストーリーを要約した本は、その小説の内容を知識として持つためには役立つでしょう。つまり、受験勉強などのために、1つの知識として、ストーリーを覚えておくには役立つはず。しかし、それは読んだことにはなりません。

小説を読むということは、その主人公や登場人物になったつもりで、その人物たちと同じ思いや行動を疑似体験していくことです。

つまり、登場人物たちと同じ時代を共有し、同じ時の流れに身を置き、喜びや悲しみ、楽しみや苦しみを、想像のなかで味わうことが小説を読むということです。確かに、その時代の生活などについて知識も得られますが、それを知ることが読む主な目的ではないはずです。

ましてや要約した本では、展開されている出来事を羅列するだけで、そこにまつわる心の動きはほとんど省かれています。ですから、ストーリーを知ることができても、疑似体験をすることが困難になってしまうのです。

小説を読んだとき、ストーリーだけを覚えて「読んだ」とすることは、左脳的な読み方であり、右脳の持つ想像力を使っていないことになります。

想像力を使って、作品に描かれた時代やできごとを疑似体験し、喜怒哀楽を共にしながら読むことが、共感する読み方です。

主人公をはじめとする登場人物のなかで、何となく自分を重ねることができる人物を選び、その人物になったつもりで、読んでいきましょう。ゆっくりと、自分のペースで登場人物の心に思いを致しながら読むことで、共感力が養われていきます。

読んでいる途中で、大笑いしたり、涙を流して読むのを中断するようになったら、共感力は十分育っていると言っていいでしょう。

POINT

読書で記憶力を伸ばす

「通勤時に本を読んでいるんですが、読み終えるころには最初の方の内容を忘れてしまうんです」という方がいますが、それは時間のかけ過ぎです。

この本で練習するとだいぶ速く読めるようになりますから、それだけでその問題は解決するはずです。

ただし、躁状態やうつ状態など精神的不安定のために、読んでも頭に残らないという方は、第二章の食生活についての注意を再読してください。身体の中から、読書能力開発をしていきましょう。

すでに、気持ちの落ち着きの作り方、集中力の鍛え方、右脳を活性化させる読書の仕方などについて説明してきましたが、この「落ち着き」「集中力」「右脳の活性化」が向上すると、記憶力は自ずと向上してきます。

このように、読書力が向上してくると、自然に日常生活においても、仕事においても、学習においても記憶力が向上してきます。

が、特に読書において、**読んだ内容をより自然に記憶に残すためには、どのようなことに注意すればいいのか**について説明します。

先日も、ある受講生が「漢字を覚えようとしてみたら、すらすら頭にしみ込むように入ってくるのです」と感激していましたが、それは、ちょうど右脳が活性化してきたときでした。右脳が活性化してくると落ち着きや集中もワンランク深くなるのです。

小説や物語、伝記などを読む場合

　小説などを読む場合は、評論家でもない限り、楽しむことが主な目的ですから、必ずしも**内容を細かに覚えているかどうかにこだわる必要はありません。**ストーリーの展開を楽しみながら読むわけですから、むしろ、その展開に関係のない固有名詞や数字などは、記憶に残っていないのが当然です。

　しかし、たとえ細かな点についてはすぐに思い出せないとしても、あなた自身が**感動した場面については、想像した映像が浮かんでくるほど、はっきり思い出せる**と思います。

　そうであれば、**小説を読んだときの記憶力としては十分**と言えましょう。記憶力が悪いと否定的には考えないでください。

　私たちがよく覚えているのは、楽しかったり悲しかったりなど、特別な感情が伴ったできごとです。

　幼いときの思い出として記憶しているのは、何かを買ってもらって嬉しかったり、叱られて悲しかったりなど、誰でもそういうできごとのはずです。日常のありふれたことはほとんど覚えていないと思います。

特別な感情が伴っていると、自然に記憶してしまうのは、記憶の原則です。

これは読書に応用できます。

つまり、読書中に**面白かったり、楽しかったりしたとき、その感情の動きを大きくしてみる**のです。

少し面白く感じたら「すごくおもしろい！」と、ちょっと素敵だったら「とっても素敵！」と言ってみるのです。

心の中ででも実際口に出してでも結構です。自ら感動の幅をちょっと大きくして読んでいくと、よく記憶に残るというわけです。

この方法は、自分は喜怒哀楽を顔に出さないほうだと思っている方、ちょっとうつ的で何をしても感動がないという方に、特に効果的です。

＊やっぱりしっかり覚えておきたいときのとっておきの方法

さて、やはりストーリーも覚えておきたい場合には、次の方法があります。

①本を読み終えた後に、まず気持ちを落ち着けます。

そのために軽く目を閉じて深呼吸を3回してください。

②ゆったりとした気持ちで深い呼吸をしながら、小説のストーリーに集中し、**簡単に思い出せるところを思い出してみてください。**

③**そこから前後に記憶をたどっていきます。**

いろいろな場面を思い出すことができたら、その小説の実際の展開を追いながら、順に思い出してみてください。言葉でもイメージでも結構です。ゆったりとした気持ちでそのストーリーをもう一度楽しむつもりで思い出してみましょう。

実は、よく思い出すためには、意識状態がポイントになります。

それは、夜寝るとき、電気を消してから実際に寝付くまでの間のような、意識はハッキリしているけれど眠りに近い、とても落ち着いている意識状態です。脳波のアルファ波が優勢になるときなので、**アルファ状態**と呼ばれています。

アルファ状態を意識的に使えるようになると、記憶力やイメージ力を大きく向上させることができます。そのためには**シルバ・メソッド**というトレーニング方法がありますが、機会があれば参加してみることはお勧めです。

とりあえず今は、**眠りにつく前の心静かな意識状態で、その日に読んだ本の内容を思い出す練習**をしてみてください。

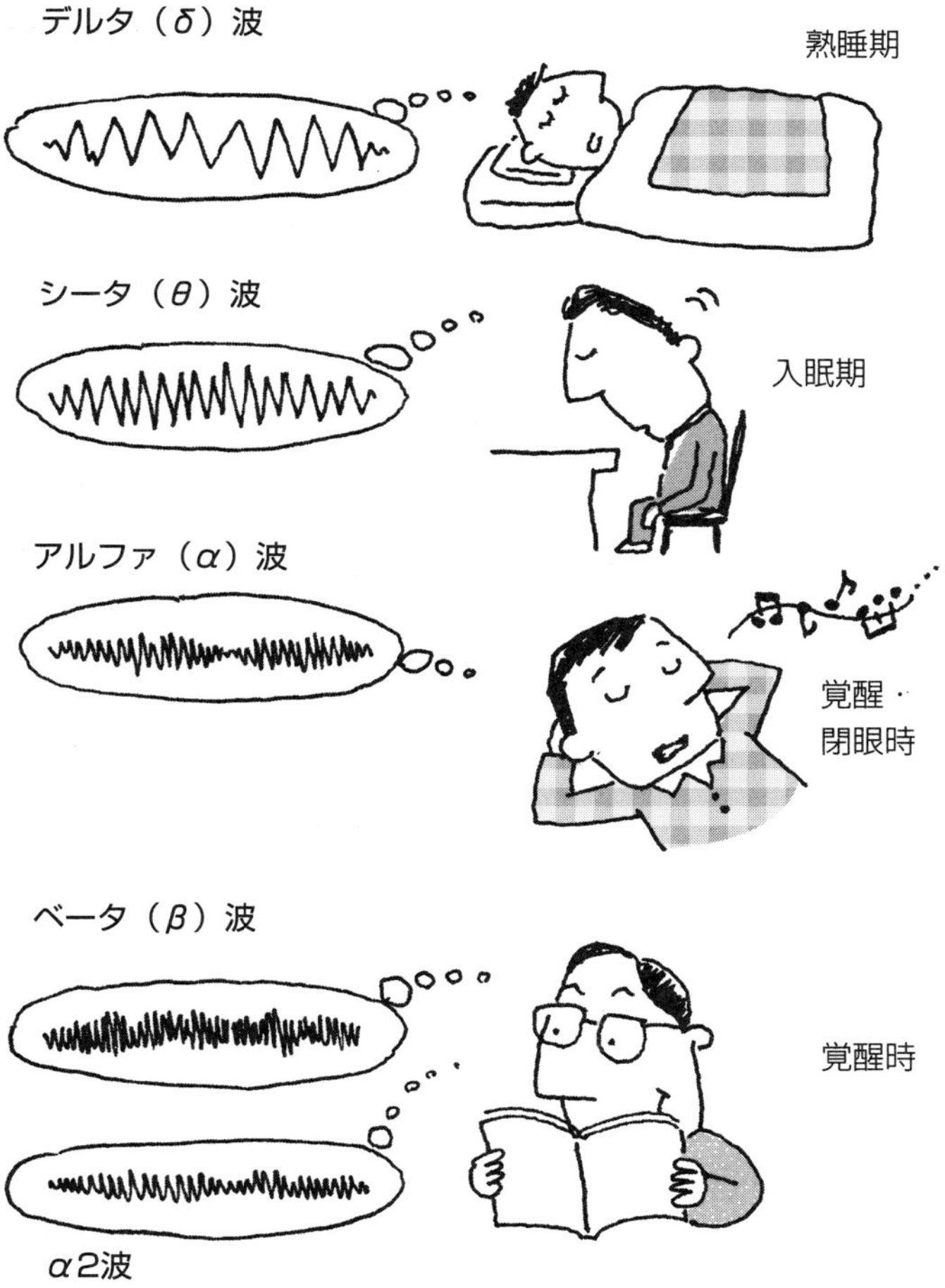
デルタ（δ）波
熟睡期
シータ（θ）波
入眠期
アルファ（α）波
覚醒・
閉眼時
ベータ（β）波
覚醒時
α2波

論説、評論、解説本などを読む場合

①読む目的をあらかじめ明確にする

自然現象を科学的に解説したり社会の仕組みなどを解説した本の場合、知識を得てその体系をつかむことが、読む主な目的になります。

考え方や思想を説く本では、その著者の主義主張の主旨をつかみ、その論理展開の妥当性はどうか、具体的な実践行動は何かなどを知ることが目的になるでしょう。

このような本を読む場合は、抽象的な概念を扱うことになります。したがって、小説のようにストーリーに付いて行けばいいのではなく、何を知るために読むのかをあらかじめ明確にしておかないと、その本で説かれている知識に振り回されてしまいがちです。

何を知りたいのかという読む目的をはっきりさせることで、その目的の知識に出会ったとき、印象が強くなり、覚えやすくなります。

②基礎知識を十分に持つ

効率よく覚えようとする場合、その事柄に関してある程度知識を持っていることが必要です。というのは、私たちが何かを覚える場合、すでにある知識や記憶と結びつけて覚えていくからです。

ですから、読もうとしている本を楽に理解できるだけの基礎的な用語や考え方を知っていることは不可欠です。

もし基礎的知識が不足していると感じたら、先に、もっと簡単な本を探して読んでおき、基礎的な用語や考え方を理解してから、元の本に読み進みましょう。

③明確に理解することで、よく覚えられる

ここで明確に理解すると言っているのは、決して細かな点まで理解するということではありません。逆に、そこに説かれている知識体系のフレームワークをつかむことです。主義主張を説く本であれば、言いたいことは「要するに、こういうことだ」という主旨をつかむことです。

フレームワークや主旨をつかむことで、その本の中に長々と展開されている細かな部分の意味が理解でき、位置づけがわかってきます。そうすると、そこで使われている用語も、納得でき、容易に記憶できます。

④論理展開のストーリー性を楽しむ

ストーリー性と言うと小説の話のようですが、科学論文にもストーリーはあるものです。「こんな疑問を持って、こんな実験をやってみたら、うまくいかなくて、考え方をこう変えて、それを確認するためにこんな実験をやったらうまくいって、こんな結論が得られた」という具合です。

論文には、うまくいかなかった部分は出てきませんが、本の場合には失敗も含めて解説されていたりします。

このように抽象的な論理の展開をつかみ、「これは面白い！」と言えるようになれば、もう記憶するのは容易です。左脳の論理的理解能力と右脳の情緒的に感動する能力が一緒になったからです。

両方の脳を上手に使えるように
読書のしかたも工夫しましょう。
両方の脳が活性化すれば
もっと読書も楽しめること間違いなし！

POINT

読書で読解力を養う

前章とこの章でここまで述べてきたことは、究極的にはすべて読解力を向上させるための大切なポイントであり、それを実践するための説明であったわけです。

なかでも、漢字や言葉をよく知っていることは基礎中の基礎であり、また、読み間違いや読み飛ばしをしないように焦らず落ち着いて読むことと、集中して読むことは、気持ちの持ち方の基礎中の基礎です。

ここでは、これらのことはすでに了解した前提として、話を進めて行きます。

まず、できるだけ多くの本を読もう

読解力が問題になるのは、抽象的な概念を扱っている論理的文章を読む場合のはずです。まず、その読書能力はどのように発達してきたのかを見てみましょう。

読解力の基礎は、語彙であり、知識であり、経験です。これらを基にして想像力を働かせて読むわけです。読書によって、語彙と知識は豊富になり、疑似体験をたくさんでき、それだけまた豊かな想像力を養うことになります。

読書でこれらの基礎力を伸ばし、伸びた基礎力をもってまた読書をする、さらに基礎力が伸びるという繰り返しで、読解力は向上します。

このような読書の繰り返しを、幼いころの絵本から子供用の物語、少年少女用の名作文学、一般の小説などの文学作品へと、各自の読解力の発達にしたがって、読書対象とする本の難易度を上げながら、読解力を発達させてきたわけです。

このような発達の過程からわかるのは、**抽象的な概念を扱う読解力は、物語や小説などを読む読解力を基礎にしている**ということです。

受験勉強などで、急に抽象的概念を扱う文章の読解力を上げようとしても困難です。基礎となる物語や小説などをたくさん読んでいなければ、難しいのです。

読解力を大きく成長させるために、たくさんの本を読んでおくことが肝要です。特に若いときに読んでおくことは、その後の人生を考えると、極めて重要なものがあります。もちろん、いくつになっても遅いということはありません。今から、物語や小説、伝記などを大いに読むことをお勧めします。

しかし、同じ本を読んでも、読解力の身に付き方は読み方によって異なるはず。そこで、読解力を向上させるためには、読書するときどのようなことに気をつけていけばいいのかについて説明します。

小説や伝記などの場合

小説などを読む場合、絶対にこれが正しいという解釈はありません。私たちが日常遭遇するいろいろな出来事について、一人一人受け止め方が違うように、小説を読んでの受け止め方にも、こうでなければならないというものはないのです。むしろ、読んだ人が、それぞれの体験や知識に基づいて、自由に想像して、独自の解釈や感想を持てるところに小説の意味があります。

したがって、主人公や登場人物の心の動きに思いを致しながら、あるときは共感し、あるときは気持ちを離して冷静に受け止めながら読み進むことでいいわけです。

しかし、そのとき忘れてはならないことがあります。

それは、その小説の時代背景や社会的背景です。

時代や地域によって、科学技術の発達の度合い、交通の便利さ、経済事情、社会制度、思潮、宗教的考え方などは、現代の日本と大きく異なります。ですから登場人物の気持ちや行動を理解しようとするとき、その背景になっている時代や地域を理解しておくことが、自由に解釈する前提条件として不可欠なのです。

大河小説などでは、それを読むことでその時代背景から人々の考え方までを知ることができますから、そのまま受け止めて大いに得るところがありますし、人の世を考える上で大変役立ちます。

時代背景を含めて理解することで、小説の中の人物たちが、私たちと同じ一人の人間として親しみがわき、生き生きと浮かび上がるはずです。

論説文、評論文、解説文などの場合

論説や評論、本書のような解説文は、まさにほとんど抽象的概念を表す言葉で書き表されています。そしてその多くは、論理的内容を含んでいます。

このような本を読んでいると、日本語としてはわかるけれど何を言っているのかよくわからないという文章に出会うことがあります。その文章を繰り返し読んでいたら、あるときピンときて、言っていることがよく理解できたという体験は多くの方がしていると思います。

このことは、**理解するという機能は直観と関係している**ことを示唆しています。

では、直観はどこからやってくるのでしょうか？

それは、**潜在意識から**です。

潜在意識には、それまでに学んだ知識の体系、疑似体験を含む体験の記憶が蓄えられています。その厖大な記憶の貯蔵庫から、求めているものに関連する情報が無意識的に選択されて出てくるのが直観であるわけです。

直観の機能は、脳生理学的には右脳の働きです。一方、論理的機能を司っているのは左脳です。

したがって論理的文章は左脳を使って理解されるはずと思われましたが、このように考えてくると、論理的文章の理解には、右脳も重要な役割を果たしていることがわかります。

では、直観力はどのようにすれば発揮できるのでしょうか？

それは、**気持ちをまっさらにして、素直な気持ちで読むこと**です。

右脳は感情を司っていますから、嫌いなものは受け入れてくれません。昔から「好きこそ、ものの上手なれ」という言葉がありますが、脳生理学的に見ても当を得ていると言えます。

先生を嫌いになったためにその科目の成績が下がってしまったという話があります。嫌いになると、勉強時間も少なくなるでしょうが、それ以上に、右脳の無意識的な理解力がうまく働いてくれないことがその大きな理由だと考えられます。

また、緊張した状態でも、右脳はうまく働いてくれません。リラックスして読むことが、直観力ひいては読解力を発揮するためにとても大切なわけです。

難しい本も、「そのうちに理解できるよ」と気楽に構えて、ゆったりとした気持ちで読むことが大切です。

その意味では、温かい飲み物などを用意して、好きな音楽を心静かに聞きながら、よくわからない内容を頭の中で反復しながら読んでいくことは、直観力を働かせるのに大いに役立つわけです。

また、この意味で、**本を読むこと自体がリラックスできて楽しいという感覚を身につけておくことは、とても大切**であることがわかります。

最近、幼児期の読み聞かせの大切さが説かれていますが、親の膝に上に抱かれながら、本を読んでもらう体験は、子供にとってとても心地よく、読書は心地よいものという記憶を潜在意識に残すはずです。

幼い子供たちに、「読書は心地よく楽しいもの」という記憶が定着するように、読書習慣を育ててあげたいものです。

読書が国難を救った話

日露戦争における日本海海戦での話です。三笠を旗艦とする日本艦隊は、バルチック艦隊を対馬海峡で迎え撃つわけですが、その作戦参謀であった秋山真之《さねゆき》は、海戦の3日前にバルチック艦隊が対馬海峡を2列になって連なって進んでくる光景をイメージで見たといいます。来る日も来る日も、バルチック艦隊をどこでどう迎え撃つかということばかり考えていて、疲れてうとうとしかけたときに突然、対馬海峡のバルチック艦隊の姿が浮かんできたのです。

そして3日後、現実に秋山のイメージ通りの隊形を組んで現れたのです。秋山の頭の中には攻撃方法がすっかりでき上がっていましたから、歴史の通り、日本艦隊の完全勝利に終わったわけです。

ここまでの話は有名ですが、秋山真之がどんな人物だったかは意外に知られていません。実は、彼は人並みはずれた読書家でした。

大尉の時代に彼はアメリカに留学して、当時世界でも屈指の戦術家アルフレッド・セイヤー・マハンについて、個人教授を受けています。マハンは秋山に、記録に残っている陸戦、海戦すべての戦史を徹底的に調べ、その上で自分の戦術理論をつかめとアドバイスします。秋山はそのアドバイスを実行します。昼は、ワシントンにあるアメリカ海軍省の3階の書庫で、夜は公使館の私室で来る日も来る日も戦史や公刊書を読み続けたのです。その量は厖大であったと言われています。

イメージの中にバルチック艦隊が現れたというと、何か神懸かり的な感じがします。おそらく、秋山の考えに考え抜く真剣な姿には神が降りてもおかしくないほどのものがあったと思いますが、そうではなく、秋山の潜在意識に蓄えられた厖大な戦史の記憶が、直観的イメージの元になっていたはずです。

秋山の読書力が日本海海戦を勝利に導いたと言って過言ではないでしょう。私たちがいかに真剣に祈ったとしても、海戦がどんなものか知らない私たちには、バルチック艦隊が進んでくる隊列は、イメージとして出て来ようがないと思われるからです。

読解力を向上させるためのポイント

①基礎知識を確保する

知らないことを辞書で調べることをいとわないで、知識を少しずつでも増やしていくことが将来の高い読解力につながります。

②内容についておおよその見当をつけてから読み始める

本であれば、帯や目次、著者の紹介などを読み、さらにパラパラと本をめくりながら拾い読みをしてみて、内容の見当をつけてから、求めるものを明確にして読んでいきます。

③抽象的なことは、できるだけ具体的にして考える

日常の生活や自分の体験に置き換えてみると、わかりやすくなります。

④主観的な表現は、具体的な数字にして考える

数字でごまかされることもありますが、「大きい」「速い」「広い」など主観的判断を表す表現は具体的な数字にして考えると間違いが少なくなります。

⑤客観的推測あるいは憶測に基づく表現に気をつける

「行った可能性がある」は「行った」ではなく、「行っていない可能性がある」と同じです。また「であることを示唆している」は「である」とは全く違います。事実と推量や憶測による判断とを明確に区別しなければなりません。

⑥読む目的、知りたいことを意識しながら読む

読む意図をはっきりさせて読むことで、直観が働きます。また求めるものを素早く見つけて早読みできることにもなります。

⑦論理の展開を意識しながら読む

著者はどのような論理を経て結論を出しているのか、あるいは意見を主張しているのかが分かると、その結論や主張の妥当性を検討できます。もし、論文のような構成で、結論や主張が先に分かるなら、それを読んでから全体を読んでいきます。

⑧理解できない部分はゆったりした気持ちで、ゆっくり繰り返し読む

右脳の直観力を引き出すために有効です。

読書で前頭葉を活性化させる

前頭葉というのは、大脳の前方の部分です。

ほかの哺乳類の動物はもちろん、霊長類と比べても、人間は前頭葉が大きく発達しています。前頭葉がとても発達していることが人間の特徴でもあるわけです。

では、前頭葉はどんな機能を司っているのでしょうか。

一言でまとめると、それは「**意欲**」です。

意欲があるからこそ、人類はいろいろな工夫をし、道具を創り出してきました。意欲があるからこそ、いろいろな欲求があり、それが満たされると嬉しくて喜び、満たされないと悲しくて落胆したりします。また意欲があるからこそ、何かを達成しようと精神を集中させます。

脳生理学の本をひもとくと、前頭葉の働きとして「創造」「感情」「集中」などと書いてありますが、根本的には「意欲」の中枢なのです。数年前、記憶のコントロール中枢も前頭葉にあることが学会で発表されたと報道されていましたが、意欲を持っているが故に人間がとる行動、つまり創造、感情、集中、記憶などの、さまざまな精神活動のコントロール中枢が前頭葉であるというわけです。

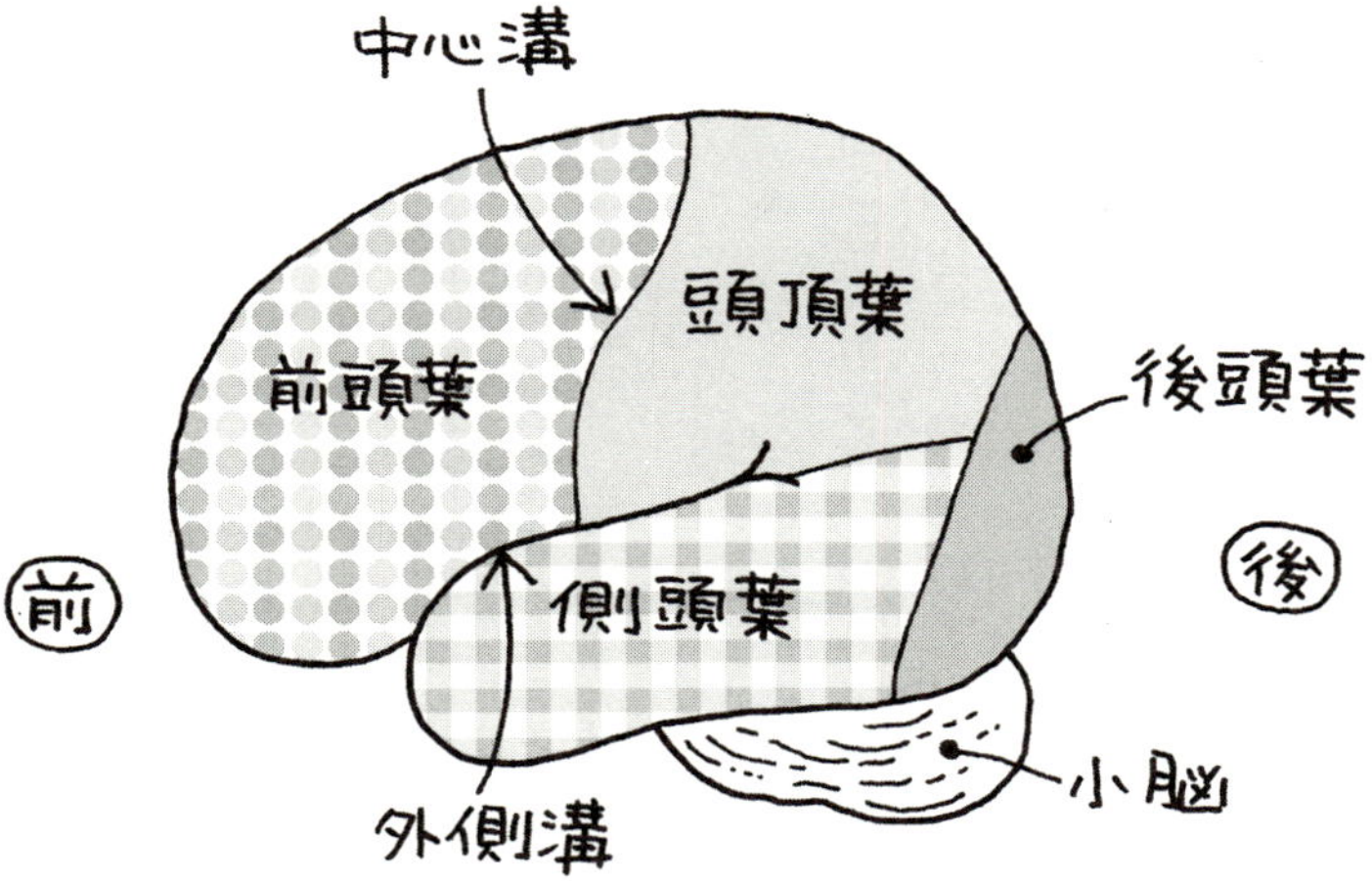

読書で前頭葉を刺激すると
創造、感情、集中、記憶などの精神活動の質が
高められ、イキイキした「意欲ある」
日常がおくれること間違いなし！

私たちが意欲を持って行動しているとき、その行動は能動的です。逆に、意欲つまりやる気がないとき、その行動は受け身的になります。

意欲を持って能動的に活動しているとき、その人は生き生きとしています。やる気がなく受け身的に活動しているとき、その人は表情に乏しく、行動はだらだらと重いものになります。

「笑う」という行動は人間だけに見られる行動で、ほかの動物には見られないと言います。人間はほかの霊長類と違って、精神機能が著しく発達していますが、このことは、人間の前頭葉が大きく発達していることに対応しています。

つまり、

人間が人間らしく生きていくということは、
前頭葉を活性化させ、発達させていくということに、対応している

わけです。

読書という行動は、目の焦点を合わせて次々と文字を読み取ることから始まります。

両目で1つのものに焦点を合わせる機能は前頭葉のコントロールによるとされ

ています。それを、次々と行っていくこと自体、すでにとても能動的な行動です。そしてさらに、記憶と照合して言葉として認識し、理解する、またさらに文法の記憶と照合して内容を理解するという作業を繰り返すわけですが、まさに高度な精神集中が要求される能動的作業と言えます。

読書は、意欲を持って能動的に取り組まなければできない行動であることが、脳の機能から見ても言えるわけです。

実際、興味がなくて意欲を持てなかったり、疲れていて能動的に取り組めないときは、目が飛んだり、同じ行を繰り返し読んだりして、次々と読んでいくのが困難になることは、日常体験するところです。

意欲的に読書を楽しむこと、集中して読書すること、それ自体が前頭葉を活性化させるということがおわかりいただけたことと思います。

読書とテレビ・漫画ではここが違う

では、漫画やテレビはいかがでしょうか。

読書の場合、読み取った文字から自らの読解力を駆使して、理解した内容をイメージとして構築します。しかし、漫画やテレビの場合、そのイメージは絵や映像として与えられることになります。

つまり、**自らの読解力を駆使する必要がなく、それだけ受け身の意識状態で情報を受け取る**ことになります。この点が読書との決定的な違いです。

視点の動きからも同様のことが言えます。読書の場合、文字は行を追って規則的に配置されていますから、目をいい加減に動かすわけにはいきません。自らコントロールして、行を間違えないように追っていかなければなりません。これには、すでに見たように能動的集中力を必要とします。

しかし、テレビの場合、テレビ画面の移り変わりにしたがって、目は適当に刺激に引かれて動いていくことになります。よほど興味を持って意欲的に見ていかないと、受け身的な意識状態から抜け出ることは困難です。

漫画の場合も、文字はありますが、楽に見ることができるように一行数文字で書かれていますから、能動的に文字を追う集中を必要としません。内容の理解が絵で与えられていますから、受け身的意識状態で読んでしまうことになります。

テレビや漫画の場合、目の動きから見ても理解の面から見ても、受け身的意識状態を誘起することがおわかりいただけたと思います。

テレビも漫画も、娯楽として、意識的に活用するということであれば、私たちの生活を大いに潤してくれることは間違いありません。しかし、日常生活のほとんどが、テレビと漫画に占められてしまうと大いに問題になります。

欧米では、以前から子供たちがテレビを見るのを規制していると聞きますが、日本でも、昨年ようやく、小児科医の学会から、乳幼児のテレビの視聴に警告が発せられ、視聴時間のガイドラインが発表されました。大人でもテレビ漬け生活は、意欲や能動性の面で問題を生じさせますが、コミュニケーション能力の発達過程である乳幼児期に長時間テレビを見せることは、その発達の障害になるわけです。現場からは、自閉症になる危険性も指摘されているほどです。

赤ちゃんも、少年少女も青年も、そして大人も、前頭葉を活性化させて人間として成長するため、読書を生活の一部として大いに取り入れていきたいものです。

集中して読む

さて、最後に前頭葉を活性化させる本の読み方について触れておきます。

実は、前章とこの章で述べてきたすべてが、前頭葉の活性化を目指してお話ししてきたことです。ですから、特に、自分の弱いと思うところに留意して読書していただければいいと思います。

しかし、1つあげるとすれば、集中して先へ先へと読んでいくことが、何よりも前頭葉を活性化させるポイントです。

集中力の項ですでに説明した通り、読了する目標時間を設定して読むことをお勧めします。

たぶんこの人と
この人は
恋に落ちるワ

先へ先へとスピードに乗って読み、
先に起こる、次に出てくるだろうことを
予想しながら読んでいけば
あなたの前頭葉は見違えるほど活性化しますよ！

第5章

例の方法

早読みで読書力を磨こう

読了のめやす＝約5分

POINT

いろいろな速読法と早読み法があるが…

この本では、3章で述べたように、**すべての文字を順に速く読むのを「速読」と呼び、とにかく短い時間で読む目的を達すればよいという読み方を「早読み」**と呼ぶことにしました。

しかし世の中一般では、速読という言葉の定義が曖昧なために、少しでも短い時間で読む目的を達成することができる方法がすべて、速読法、早読み法、そのほかの類似の言葉で、表現されています。「速読脳開発プログラム」のように読書能力を開発するものも、一時的に使うテクニックも、同じような言葉で表されているわけです。

そこで、この章ではまず、従来の早読み法や速読法を分類し整理してみることにします。表を見てください。従来の方法は、大きく（a）（b）（c）の3つに大別されます。

（a）は、「早読み法、速読法、速読術など」と呼ばれているものです。

昔から、多くの国に、たくさんの書物を読みたい、あるいは読まなければなら

早読み法・速読法の分類

	(a)	(b)	(C)
呼称	早読み法、速読法、速読術など	速読法、speedreading など	速読脳開発プログラム
来歴	個人の工夫、多くの国	専門研究家が考案、アメリカ発祥	専門研究家が考案、韓国・日本
拠り所	個人的体験	読書心理学	読書心理学・認知脳科学
原理	明確なものはない	認知スパンの拡大	視知覚機能と認知機能の開発
文字の読み取り方	一部分を読む 拾い読み、斜め読み、目次読み 前文読み、キーワード法、 スキミング法、スキャニング法	全部を読む ブロックごとに、 まとめて読んでいく	全部を読む 順を追って、すべての文字を 読んでいく
理解の仕方	既にある知識から推測・想像	文章解読→内容理解	文章解読→内容理解
理解の回路	見る→言葉を拾う →内容の推測・想像	見る→音声化→理解	見る→理解
理解の正確さ	低い	～普通	普通～
トレーニング・システム	個人の工夫	わずかにシステム化	高度にシステム化
脳の情報処理速度	ほとんど変化なし／ 推測、想像力の向上	やや向上	高度に開発
読書速度	飛ばす程度による	約2500字／分まで	10,000字／分以上
適用できる文書	・見慣れた定型の書類 ・既に内容のわかっている本 ・理解度が低くてよい文書	・書類全般・新聞、雑誌 ・一般書、文学書 ・専門書 など、すべて文書	・書類全般・新聞、雑誌 ・一般書、文学書 ・専門書 など、すべて文書

ないという人はいたわけです。その人たちは、自分の**体験をもとに、短い時間で読む**方法、つまり早く読む方法を工夫してきました。

そこには、統一された原理やトレーニング法があるわけではありません。ですから、呼び方もまちまちです。

（b）は、ドイツのヴントから始まった読書心理学の流れの中で、考えられた方法です。

これは、1章で説明した通り、**認知スパンを拡大する**という理論に基づいています。20世紀初頭から眼球運動が測定されるようになり、アメリカでは、読書速度の速い人と遅い人のデータがたくさん集められ、検討されました。その結果、遅い人は、停留の数が多く、速い人は少ないということがわかりました。そこで、速く読めるようになるためには、認知スパンを拡大すればよいだろうというのが、その訓練原理です。

アメリカでは、1925年シラキュース大学で世界最初の速読法の講座が開かれました。その後たくさんの速読法が生まれていますが、明確に原理を示したものがなく、（b）以外は、（a）に分類されます。

（c）は、1章で説明した「速読脳開発プログラム」です。原理は、韓国ソウル大学校の朴鏵燁《パク・ファーヨップ》が創案しました。現在は、朴先生（西原大学教授）が韓国で指導し、日本では、私が発展させて今のプログラムを作り上げて、指導しています。

その原理は、読書心理学、教育心理学、認知心理学などの専門的知識に基づいて創られたものであり、その後、日本で脳生理学や認知脳科学の研究成果をもとに発展してきています。原理は、視知覚機能と認知機能を開発することで、それをわかりやすく**「速読眼」「速読脳」の開発**と表現しています。

文字の読み取り方は、（a）では、早く内容を読み取ることができるようにと、各自が工夫したものです。

このような読み方では、すでに知っている知識がものを言うことになります。その既存の知識から、内容を推測、想像することになります。

したがって、**理解の正確度は低くなりがち**ですから、要点と思われるところを、ゆっくり読んで、正確さや

キーワード法	理解の鍵となる言葉を探してながら飛ばして読んでいく読み方
スキミング法	ざっと目を通しながら要点を探して拾い読みまたは部分読みをする読み方（スキムとは、液体の上澄みをすくい取る意味）
スキャニング法	テレビの走査線のように、すばやく文字を走り読みして、内容を理解しようとする読み方（興味のあるところや必要なところに出会えば、ゆっくり読むことになる）

必要な情報を補うことになります。

　このような読み方は、個人が必要に迫られてやってきたことが発端ですから、明確なトレーニングシステムはありません。個人の処理能力としては、見慣れた定型の書類などでは、処理量は向上しますから、早さは物によって向上します。しかし、この本で言っている速読能力が向上しているわけではありません。読む要領が上手になるということです。

（b）は、すべての文字を読んでいきますが、基本的にブロックごとにまとめて読む読み方です。たとえば、横書きの本であれば、縦に鉛筆で線を引いたり、目線をおくべきところに点を打ったりして、一行をいくつかに分けて、その範囲を読み取ろうとすることで認知スパンの拡大を目指します。
　普通通り、理解するためには音声化をすることになりますし、慣れないと理解度はやや下がります。学校などで採用されたりしているという意味では、わずかにシステム化されていると言えます。

　達成される読書速度は、２０００～２５００字／分ですから、脳の情報処理速度は少し上がるでしょう。

　すべての文字を読んでいきますから、すべての文書に適用できると言えます。

（c）は、一章で詳しく述べた通りです。（a）（b）との決定的な違いは、**脳の情報処理速度を高度に開発する**という点です。

その結果、読書速度が速くなるばかりでなく、心の中で文字を音声化しなくても理解できる、**新しい理解回路が形成**されます。その回路を使うことに習熟すると、トレーニング以前よりもはるかに速く読んでいるにもかかわらず、以前よりももっと深く理解できていると感じます。また、以前のようなゆっくりした速度で心の中で音声化して読むと、読みづらく理解度も下がるように感じます。

読書速度は1万字／分以上が可能になり、15万字／分の記録を出している受講生も、これまで数人います。これらの読書時の脳活動については、現在進行している東京大学等との共同研究で、大変興味深い結果が出てきています。そのことについては、次の機会に述べたいと思います。

POINT

これが早読みのテクニックだ 利用する前の心得

２００４年の新刊書籍の発行数を見ると、年間７万５０００点、一日当たり２００冊以上刊行されている計算になります。このほか新聞や雑誌、ＨＰやメール、と考えると、いかに速読脳を開発しても、情報収集を素早く行うことには大きな意味があります。

早読みは、脳の情報処理速度を向上させるものではありませんが、情報を要領よく見つけるためには、それなりの力を発揮します。早読みのテクニックを知ることで、速読脳はさらにその真価を発揮することになるわけです。

早読みのポイントは何かと言うと、**意識的に省いて読むこと、省いて読んでいることを自覚すること**。特に、速読脳が開発されていない状態ですと、早く読むためには、一部分だけを読む以外に方法はありません。このことをはっきり認識することで、早読みという作業に取り組む肚《はら》が決まるはずです。

また、几帳面な方は省いて読むことが嫌なはず。全部読まないと読んだことにならないといった気持ちが心の奥に潜んでいると、このテクニックはなかなか使えません。まず、**「早読みは、飛ばし読みだ」とはっきり割り切りましょう。**

もう1つポイントがあります。それは、**「早読みは、理解が不十分な読み方だ」とはっきり認識すること**です。

飛ばし読みをする以上、結論や要旨は正確につかめたとしても、結論に至る経過は読むのを省くわけですから、理解が不十分なのは当たり前。しかし、その結論が知るための読書であれば、その読書の目的は十分達せられたことになります。

また、求める情報がどこに書いてあるのかわからず、文字を高速で追っていく場合もあるでしょう。その場合も、その高速で追っている部分は、理解が十分付いていかず、理解が不十分なはずです。しかし、その上で求める情報を見つけることができたのであれば、読書の目的は達せられたわけです。ですから、理解が不十分の読みを嫌う必要はないはずです。

いずれにしても、大切なことは、自分で**「飛ばして読んで理解した」ということと、「理解の不十分な読み方も利用して結論を得た」ということを自覚していること**です。結論だけを知識として得る読み方をする場合は、どうしてもその結論に至った思索の経過や著者の思いは省かれがちです。早読みの得意な方には、自分の知識に自信のある方、強気の方が多いようですが、その知識で議論する場合は、謙虚にかつ慎重にすべきことを忘れないでおきたいものです。

早読みテクニックの要点は、これだ【実践編】

「彼れを知り己れを知れば、百戦あやうからず」という有名な孫子の言葉があります。これは戦いの要点として説かれた言葉ですが、早読みの要点もぴったり言い表しています。

「彼れ」とは、読もうとする対象であり、「己れ」とは、読む自分のことです。

つまり、**自分の知りたいことを明確にして、読む本や書類のどこに求める情報があるのか見当をつけて読む**ことが、早読みの要点というわけです。言い換えると、何をどういう目的で読むのかによって、読み方を変えて読むということです。

(a) 己れを知る

「己れを知る」とは、自分が今何を求めて読もうとしているのかをはっきり認識するということです。その結果、**読む目的を明確にする**ことができ、**あるいは欲しい情報を具体的に**することができます。

今、あなたはこの本を読むのに
何を求めておられるのでしょうか？
もちろん、「速く読める」ようになるため、です
よね！

たとえば、本屋で『夢をつかむイチロー262のメッセージ』という本を買ってきたとします。

①「イチローはすごい記録を打ち立てている人だから、その生き方に学びたい」

②「今目標を失って悩んでいるが、イチローは何を目標に生きているのか知りたい」

③「イチローは天才なのか、努力の人なのかを知りたい」

等々、自分の読みたいと思った気持ちの中身を具体的に知ることです。

①なら、最初から全部を読むか、座右においてときどき読むということでいいでしょう。この場合は、早読みは適しません。

②なら、目次を見て、第一章の「イチローの精神と目標」、第三章「イチローの不安と逆風」を読めば、イチローの目標がわかると判断できます。全五章のうち二章だけ読んですむのですから、これはもう、早読みです。

③なら、やはり第一章を選ぶでしょう。すると1ページ目に「小さなことを積み重ねることで、いつの日か信じられないような力を出せるようになっていきます」という言葉が出てきます。これで「イチローは天才じゃなくて、努力の人だ」という結論が出ます。極端な話、読む目的は達せられたわけですから、残りを読

む必要はないわけです。262ページのうちの1ページだけ読んで目的が達せられるというのは、希有な例かもしれません。しかし、自分がその本に興味を持った理由を、漫然としたままにしないで、具体的にはっきりさせたなら、③の例のように、極めて短い時間で読む早読みができるわけです。

書類やメールなどでは、内容によって取るべき態度は次の三種類に決まります。①自分に関係していて重要なもの、②自分には直接関係しないが、頭の隅に入れておいた方がよいもの、③不要で、無視してよいもの、のいずれかです。

たいていは、そのタイトルを読んだだけで、いずれに該当するのかわかるはずですから、①だったら、メモに残すか、書類をそのまま取っておくか、メールなら重要マークをつけて残します。②なら、ポイントだけ軽く記憶にとどめ、必要なときにその情報を取り出すことができるようにしておけばいいでしょう。③なら、回覧であればすぐ次に回すことになりますし、書類やメールならゴミ箱入りです。読む必要はありません。

このように、読む対象に対する自分で取るべき態度を明確にすることで、読む量を最小限にとどめることができるわけです。

(b)「彼れ」を知る

「彼れ」とは、読む対象のことですから、本や書類や、新聞、週刊誌などです。その対象がどんな構造になっているかをあらかじめ把握できていれば、求める情報を探すのは短時間で済みます。もし、あらかじめ把握できないなら、まず、できるだけ早く、その対象がどのような構造になっているかを把握しなければなりません。

①本

専門書の場合は、おおよその構造が決まっています。最初の前書きや初章で、その分野の基礎的な事項、歴史的背景、最近の研究動向、著者の立場、その本の特徴などが説明されます。

ですから、**初章を読み、目次を読めば、求める情報があるかないかの見当はつきます**。もし索引付きの本なら、索引で探します。そのためにも、求める情報はできるだけ、具体的言葉にしておきます。求める項目が見つかったら、その項目だけを丁寧に読む部分読みをすれば、早読みになります。

一般書の場合は、構造は必ずしも決まっていません。もし専門書的な本であれ

ば、**目次を見て、欲しい情報のありかを探します。**

特別な欲しい知識があるのではなく、著者の主張を知りたい場合には、まず、**本のタイトルと帯**をよく見て、次に、**著者の略歴、前書き、あとがき**を読みます。この段階で、著者の立場や提起されている問題、著者の主張は見当がつくはずです。さらに、目次を読んで、著者がどのように話を展開しているのかを読み取ります。

このとき、最初は目次の細かな項目まで見るのではなく、章題だけを順に読んで、話の流れを頭に入れてしまいます。次に目次を細かに読んで、再度、著者が提起している問題やテーマ、あるいは著者の主張や結論がどこに書いてあり、それがどのようなものか見当をつけます。そして必要な部分を読みます。

どこに、大切な著者の主張があるのか予め見当がつかない場合や、読みながら必要な情報や知識を探すという場合には、**スキャニング**を使います。

この場合は言葉を読み取れる最大速度で、文章を速く追っていきます。理解度の低い読み方で、追っていくわけです。全部目に入っているということであれば、多少飛んでも構いません。そして、自分の求めている情報に関連する言葉に出会ったら、その前後を丁寧に読みます。

②新聞

毎日読むものなだけに、要領よく読まないと、大変時間を取られてしまいます。日本経済新聞の朝刊は、およそ40ページあります。広告欄や、ラジオテレビ欄、株価の欄を除くと、約20ページで、字数はおよそ20万字になります。一ページ５００字とすると、４００ページの本と同じですから、全部を読んでいたら大変です。総字数は他の大新聞もほぼ同様です。

第一面が、政治、経済を中心に大きなニュース、最後から第二面と第三面が、いわゆる三面記事で社会のいろいろな事件を載せています。ここまでは、紙面の構成がほぼ共通ですが、他は各紙さまざまです。

ですから、まず自分の読んでいる新聞を一ページ目から順に、全ページをめくってみて、どんな構成になっているかチェックしてみてください。家庭欄、科学欄や、教育欄、記者の欄、特集記事などは、週に一度とか、隔週とか、月に一度であったりしますから、とにかく、しばらくの間は全ページをとりあえずめくってみて、**読んでいる新聞の構成を、曜日による変化も含めて、把握**しましょう。

次に、**どのページまたはどの欄を中心に読むのかを決めましょう。**

つまり、必ず読むページはどこか、または記事は何かです。必ず読まないページや記事もあったら決めます。残りは、興味を引かれれば読むというページまたは記事になるでしょう。

ページや欄の自分に取っての必要度をはっきりさせることによって、どこをどのような読み方をするかが決まります。

次に、記事の作りについて理解しておきましょう。

大きな記事だと、まず「見出し」があります。次に、そのすぐ隣に、縦長に書かれている解説文があります。これが「前文」です。さらに横線で区切られた「本文」があります。小さな記事だと、前文は省かれ、「見出し」と「本文」だけになっています。

「見出し」は、興味を引くためのキャッチであると同時に、記事の内容のまとめですから、見出しだけ読んでいっても、世の中の動きは大雑把に把握できます。これを「**見出し読み**」と言います。現在は、テレビでニュースを見る機会も多いはずですので、それらの情報を合わせると、社会、政治、経済の表面的動きは、見出し読みでも、ある程度把握できてしまいます。

「見出し」で興味をひかれたら、大きな記事でしたら、「前文」を読みます。これで、その記事の概要ははっきりつかめます。

さらに詳しく知りたい場合に「本文」を読みます。本文も、最初の段落に概要がまとめてあり、次の段落でさらに詳しく説明するという構成になっているのが一般的です。ですから、**「見出し」と「前文」、または「見出し」と「本文」の第一段落を読む**だけで、その記事の内容は把握できます。この読み方で、かなりの早読みができます。


すべての文章を読まなければならない記事であれば、スキャニングを試してみてください。新聞の場合は、本と違って、1段の幅が11文字前後と狭いですから、行全体をとらえて横に読んでいくことが可能です。

もちろん、スキャニングができるようになるためには、知識と集中力が必要ですが、練習と思って試してみるとよいでしょう。知的に**引っかかる言葉に出会ったら、その前後を丁寧に読む**ことを忘れないでください。

③雑誌・週刊誌
雑誌・週刊誌の場合も、本や新聞と同様、**目次のチェックから**です。

目次がしっかりしているはずですから、知りたい記事、興味のある記事を選択

① 読む欄を選ぶ
② 見出しを読む
③ 前文で判断
④ 本文の第一段落

阪神
優勝
ずっとこの日を
待っとったんや。
今日はスミから
スミまで
読んだるで

して読みます。新聞ほどではないにしても、段組みになっていて、各段の字数は本よりもはるかに少ないですから、スキャニングを適用してみましょう。

④書類

書類については、「己れを知る」の項で説明したように、その重要度を、明確にすることが第一に大切なポイントです。

事務連絡的な書類であれば、定型パターンで構成されているはずですから、時候の挨拶などは省いて、必要な情報だけ確実に読み取っておきましょう。

箇条書きの部分は要チェック。それ以外の部分は、特別な事情が記されていないかどうか、さっと眺めてみてください。

いつもと異なる表現や気になる言葉がないかチェックして、読み落としがないように注意しましょう。

長文からなる報告書のような書類は、**最初と最後の部分**が大切です。まずタイトルと前書きをよく読みましょう。長い文書では、全体を概説するまとめの文章や、簡単な目次が最初についていたりします。このようなまとめの文は、全体の理解を助けると同時に、早読みのためにあるわけですから、この文を読むことは必須です。文書との関わりが薄い場合には、このまとめの文章を読むだけで、早読みは終了です。

どの程度読みを省くことができるかは、その文書に自分がどの程度深く関わっているかによって決まります。

内容を知っておけばよいという程度であれば、前書きを読んだ後は、結言と展望を読んでおけば十分でしょう。

その文書が自分に深く関わっている場合には、その重要度と自分の早読み能力を勘案して、早読みするかどうかを決めてください。早読みすると決めた場合には、スキャニングを用いましょう。ただし、その読み取った結言が、自分の持っている知識や体験と照らし合わせてみて、矛盾するところがないかどうかは、確認しておきましょう。

全体を丁寧に読まなければならない場合には、そのときこそ、Ｆ１フォーマットを使った本書での練習を生かしたいところです。

POINT

早読みテクニックの要点は、これだ【留意点】

最後に、早読みをするときに注意すべきことを付け加えておきます。それは、早読みをするときは、多くの場合、締め切りが迫っていたりして時間に追われているときが多いということです。このような状況では、私たちは、どうしても、急いで慌てたり、焦ったりしがちです。

すばやく、正確に要点をつかまえたり、求める情報を的確に得るためには、落ち着いて読み取ることが大切です。まさに早読みをするときにこそ、その落ち着きをいっそう深くしなければなりません。そうでないと、精神的にパニックに近くなり、頭は空回りしてしまいます。

このような状況の中で、落ち着くテクニックは、**深呼吸を3回する**ことです。できれば本書で述べたように腹式呼吸で行うといいのですが、胸式呼吸でも構いません。とにかく大きく吸ってゆっくり吐く深呼吸を3回繰り返してみてください。そして、もう一度、自分の知りたいことを確認し、求める情報がどこにあるか見当をつけ直して、落ち着いて読み始めてください。

キリンの
第二頸骨の
長さについて
知りたいんだ
キリン
あーもう
ダメ
わからん!
深呼吸3回
落ち着いて
読んだら
みつかったゾ
キリン

これだけは知っておいてもらいたい早読みの限界

ここまで早読みのテクニックの説明を読んできて、もうおわかりと思いますが、早読みのテクニックには、限界があります。

1つは、早読みができるようにと説明はしてきましたが、このようなテクニックは、読む対象の分野において、**すでにある程度知識があることを前提になっている**ということです。ですから、これまで早読みの方法を説く方は、相当の読書家であり、相当読書している方を対象にして、その方法を説いていたわけです。

この章では、すごい読書家でなくても、早読みができるように、そのポイントを説明してきたつもりです。

しかしやはり、ある程度の量を読みこなし、どこに求める情報があるのか見当がつけられるようになっていること、求める情報の周辺について知識があることが、早読みの前提であることは変わりません。逆に言えば、早読みができるようになったときは、かなり読書力がついたときですから、それを目安に、本書を活用して、読書力の向上を目指してください。

もう1つは、知識を得るためには使えますが、小説などを楽しんで読むためには使えないということです。

小説の場合、情景描写1つにも、登場人物の心理が反映しています。「誰が、何をして、どうなった」と筋だけを知識として覚えても、小説を読んだとは言えません。

小説や、物語、伝記、随筆など楽しみ味わう文章では、すべての文字を追って読むことで、初めて読んだと言えるわけです。

小説などを含めて、早読みできるようになるためには、**速読能力そのものを伸ばさなくてはなりません。**

本書のトレーニングはそのためのものですから大いに練習してみていただければと思います。

目的にあった速読法を

1984年4月、私は速読教室を開校しました。そのとき、一目で1ページを見て脳に焼き付けるというキム式速読法を教えていました。私も受講生も、いくら練習しても、拾い読みにしかなりません。拾い読みでも子供の本であれば、ストーリーを言うことはできます。しかし、自分の知りたい内容の本を読むと、以前と何ら速度は変わりません。そんなことから、速読というのはいったい何なのか、読書とはいったいどういうものなのか、考えることになりました。

そういう中で、韓国に調査に渡り、朴先生と出会い、また、朴先生の原理に基づく速読法を追求してきました。その結果できたのが227ページで提示した一枚の分類表です。

教室を開校した当時、この表が一枚あれば、あんな遠回りはしなくて済んだのにと思います。この表のおおよその内容は、10年余り前に作ったものですが、今見ても、大きく変更する必要はないと思います。ぜひ、この表を、眼光を紙背に徹して読み取り、自分の目的にあった速読法を選ぶ参考にしていただければと思います。

速読脳®を開発した方の体験談

●速読ができるようになってからは音声化はないのですが、もちろん普通に理解して読む読書です。非常に速く読めてるにもかかわらず、以前の遅く読んでいた頃と比較するとはるかに楽しめる読書です。（32才・男性・会社員）

●驚いたのはリスニング力がアップしていたことです。もちろん長文問題などは明らかに以前より速く済みました。（33才・男性・会社員：TOEIC795→890）

●試験の問題文が速く読め、だいぶ楽をしました。また良かったのが、どうすると集中力が上がるのか、集中する方法を知ったという事です。ですので勉強の世界にすぐ入れました。（20代・女性・司法試験合格者）

●集中力がついているので英単語を良く覚えられ、また、長文もサーッと目を通すだけで大雑把な内容がわかりました。（18才・女性・高校生）

●教室に通いだしてから、勉強や、してみようと思うことが速く終わるようになりました。体が自然にテキパキ動きます。（女子・小学4年生）

●新しい分野の専門知識に関する本を大量に買い込んできて、バーッと何十回も繰り返して読んでいったら、短期間で理解できてしまいました。お陰様で膨大な知識を１か月間で頭に入れることができて無事転職でき、年収が２倍になりました。（27才・女性・会社員）

●仕事に対して余裕と自信が生まれ、周りの人とのコミュニケーションも上手くいくようになりました。（36才・男性・会社員）

渋谷教室（本部）

〒150-0002　東京都渋谷区渋谷3-6-2-3F
平日11～20時・土日祝10～18時・月曜定休
（ほか 池袋・大阪・岡山で開講しています）

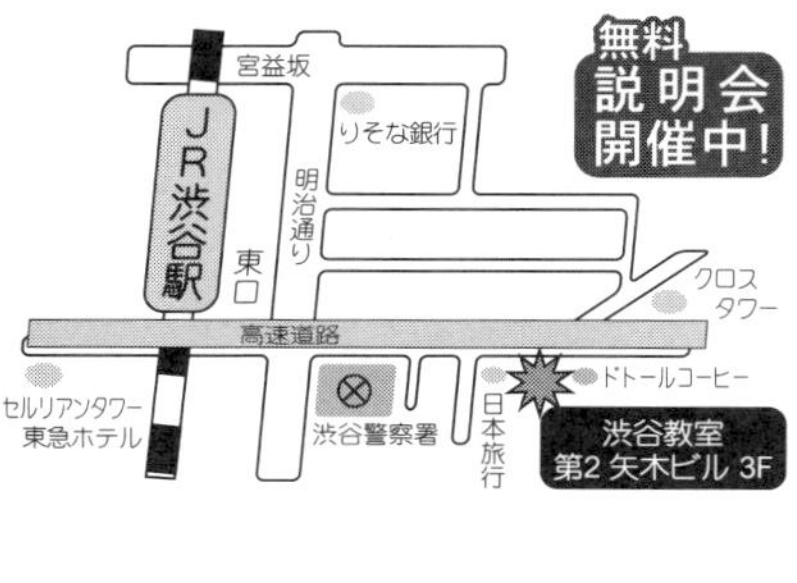

資料請求・お問い合わせはこちら

JWord. アドレスバーに
集中力 と直接入力して下さい！

0120-37-8843

http://www.sokudoku.co.jp

e-mail：nbs@sokudoku.co.jp

The New Brain Society
～速読のパイオニア～
NBS日本速読教育連盟

速読脳®開発プログラム

NBSの「速読脳開発プログラム」は拾い読み・斜め読みではなく、きちんと理解しながら1分間に20ページ（1万字）以上を読めるようにする、新しい時代の脳力開発教育です。

抜群の信頼性

- 東大との共同研究に、文部科学省科学研究助成金が交付
- 日韓両国で大学の正課の科目・企業研修として採用
- NHK・TBS・日本テレビ等の各種メディアで単独取材協力

講座紹介

初級講座
目標 3倍!!
（小学1年～）

F1フォーマットを含む色々なトレーニングで、読書用の視覚能力と集中力を引き出すクラス。楽に読めるようになり、読書が好きになります。

本講座
目標!! 1万字以上
（小学4年～）

本格的に速読眼・速読脳を開発するクラス。当連盟が自信を持ってお贈りする、読書の潜在能力を開発する講座です。

受講の流れ

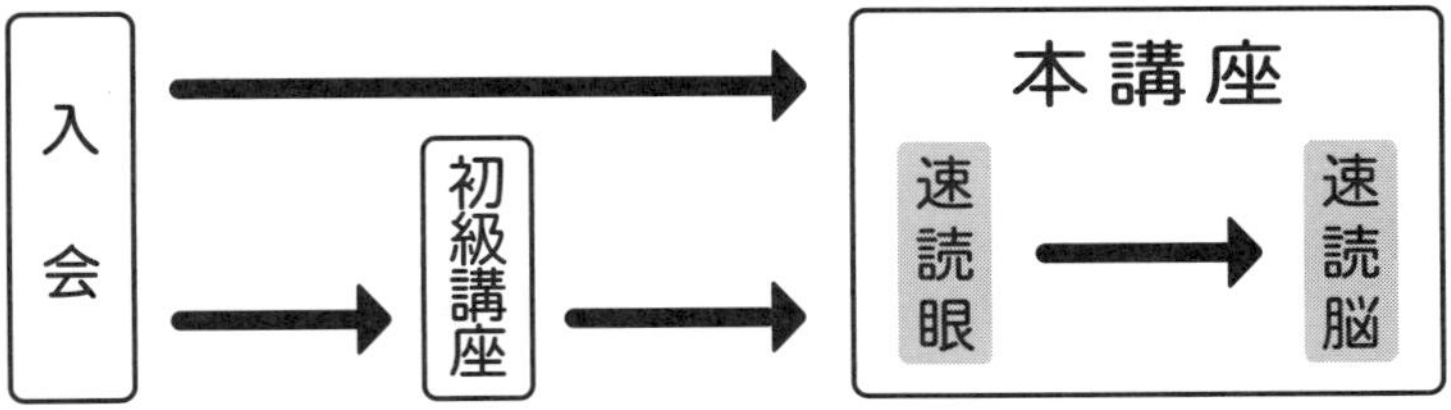

●著者略歴

佐々木　豊文（ささき　とよふみ）

NBS日本速読教育連盟　理事長

1950年生。東京工業大学卒。同大学院修士課程修了後、同大学助手。工学博士。

1981年から、シルバ・メソッド講師。

1984年、速読教室を開校。1986年、NBS日本速読教育連盟設立。目白大学などで速読法の講座を担当。1987年、日本医大の故品川嘉也教授と共同研究で速読者の脳活動を測定。以来、情報通信研究機構、東京大学などとも共同研究を進めている。特に、東京大学との共同研究には、文部科学省から研究助成金が交付されている。

2002年のNHK「ためしてガッテン」、2004年のTBS「世界バリバリ★バリュー」で、1万字／分の速読を指導し、大きな反響を呼ぶ。「速読脳開発プログラム」の公教育導入が夢である。

著書、「速読の科学」（カッパブックス）ほか。

NBS日本速読教育連盟：
http://www.sokudoku.co.jp
シルバ・メソッド渋谷：
http://www.silvamethod-shibuya.com/

ご意見をお聞かせください

ご愛読いただきありがとうございました。本書の読後感想・御意見等を愛読者カードにてお寄せください。また、読んでみたいテーマがございましたら積極的にお知らせください。今後の出版に反映させていただきます。
☎(03)5395-7651
FAX (03)5395-7654

絶妙《ぜつみょう》な「速読《そくどく》」の技術《ぎじゅつ》

2005年10月31日　初 版 発 行

著　者　佐々木《ささき》　豊《とよ》　文《ふみ》
発行者　石　野　栄　一

明日香出版社
〒112-0005　東京都文京区水道2-11-5
電話（03）5395-7650（代表）
（03）5395-7654（FAX）
郵便振替 00150-6-183481
http://www.asuka-g.co.jp

■スタッフ■　編集　早川朋子／藤田知子／小野田幸子／小早川幸一郎／金本智恵／末吉喜美
営業　北岡慎司／浜田充弘／渡辺久夫／奥本達哉／平戸基之　営業推進　小林勝
M部　古川創一

印刷　三松堂印刷株式会社
製本　根本製本株式会社
ISBN4-7569-0918-3　C2036

乱丁本・落丁本はお取り替えいたします。
© Toyofumi Sasaki 2005 Printed in Japan
編集担当　藤田　知子

絶妙な速メモ（速記）の技術

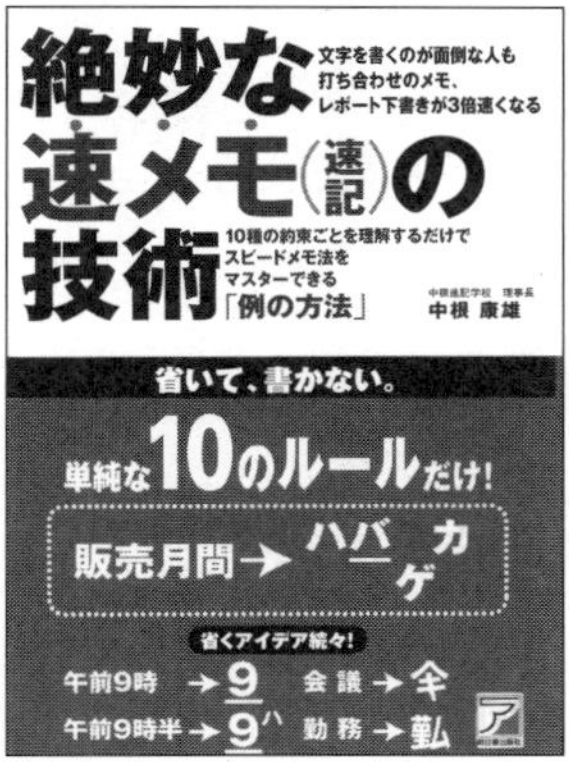

定価（税込）1365円
B6並製　192ページ
ISBN4-7569-0909-4
2005/9発行

中根　康雄

中根式速記学校理事長の著者が、難しい速記文字など使わず普段使うひらがなとカタカナに法則性を持たせることで、かんたんにメモができる速記術を伝授。

これで、営業部員の日報も飛躍的に早くなります！

書いて売れ！

堀内　伸浩

いまや、お客さんとのコミュニケーションは、電話よりもメールの時代となり、できる営業マンも、「弁が立つ」人から「筆が立つ」人へとシフトしつつある。にもかかわらず、相も変わらず、「私は書くのが苦手で」という営業マンは多い。そんな営業マンたちに、前半ではメールの基本的な作法から、ワンランク上のメール術までを、豊富な実例とともに解説する。

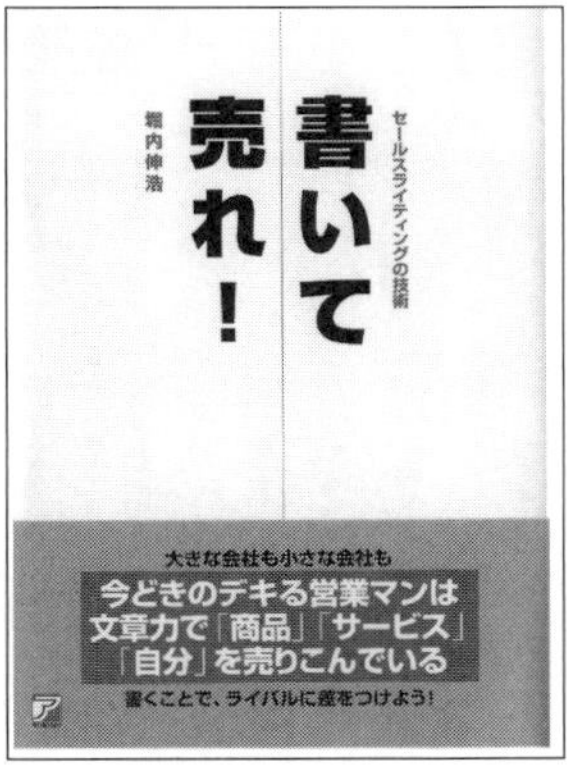

定価（税込）1470円
A5並製　208ページ
ISBN4-7569-0916-7
2005/7発行

絶妙な話し方の技術

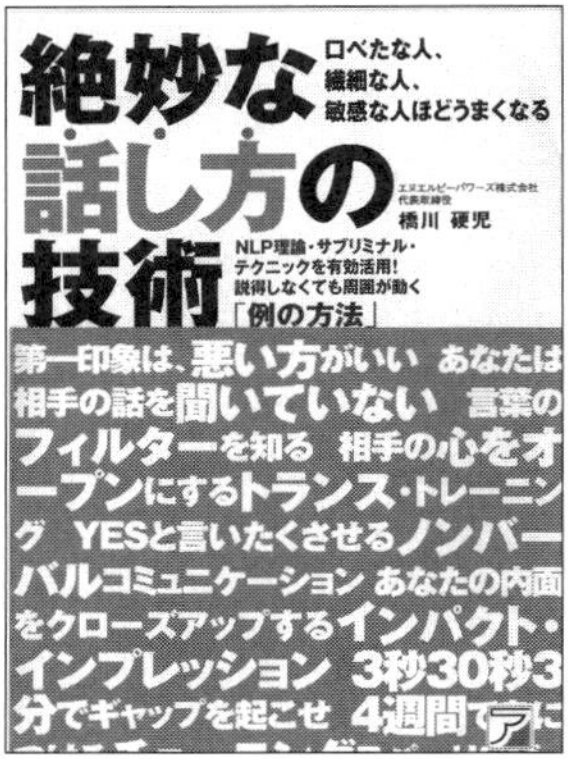

橋川　硬児

全く新しいアプローチで書かれた「口べたな人」が最速で上達するための実戦トレーニングブック。「声の大きい人、口のうまい奴に負けてしまう」「周囲から誤解されてしまう」そんなあなたのための、一人でこっそりできる、秘密のトレーニング。実戦現場で検証し、実際に即効性のあったものだけを厳選。

定価（税込）1365円
B6並製 184ページ
ISBN4-7569-0890-X
2005/7発行

絶妙な「脳力（記憶・発想・思考）」を作る技術

河野貴美子/菊池　美也子

故・品川嘉也博士の大脳生理学の研究開発の成果と、最新の研究を使って脳をきたえるトレーニングを編み出し、必要な箇所だけフル活用する脳の作り方をレクチャーします。＜ブレイン・フィットネス＞

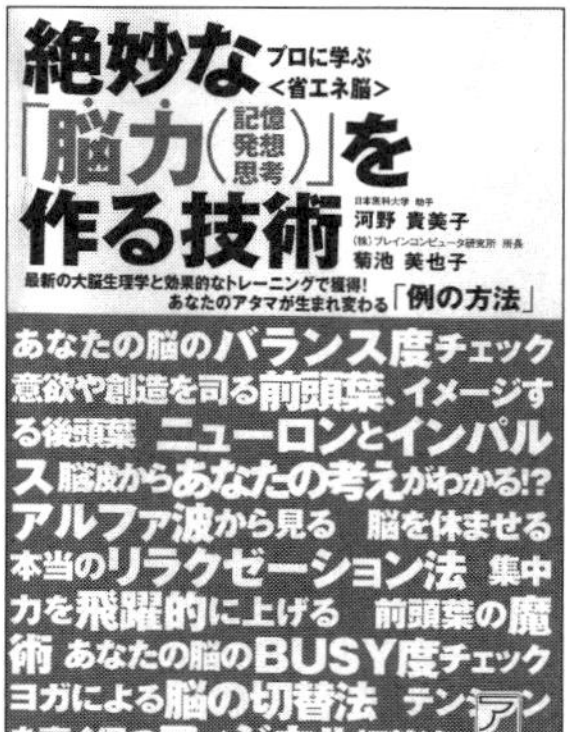

定価（税込）1365円
B6並製　192ページ
ISBN4-7569-0902-7
2005/8発行